MOUSSEAU ET KOCH
LA CLASSE
EN ANGLAIS
HACHETTE ET Cⁱᵉ

X

25799

LA
CLASSE EN ANGLAIS

PARIS. — IMP. SIMON RAÇON ET COMP., RUE D'ERFURTH, 1.

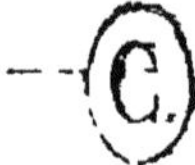

LA

CLASSE EN ANGLAIS

NOUVEAUX DIALOGUES

A L'USAGE DES LYCÉES ET DES COLLÉGES

ACCOMPAGNÉS

DE DEUX VOCABULAIRES DES MOTS LES PLUS USUELS
DE LA CONVERSATION FAMILIÈRE

PAR

A. W. GOUSSEAU

Professeur à l'École Bossuet

ET

L. KOCH

Agrégé des langues vivantes, docteur de l'Université d'Iéna
professeur au lycée Saint-Louis

PARIS

LIBRAIRIE HACHETTE ET Cⁱᵉ

79, BOULEVARD SAINT-GERMAIN, 79

—

1873

INTRODUCTION

L'empressement avec lequel on a bien voulu accueillir le petit ouvrage qu'a composé notre collègue M. Koch, sous le titre de *la Classe en allemand*, nous a encouragé à en composer un autre sous le titre de *la Classe en anglais*. Notre rôle dans la composition de ce petit livre est donc bien modeste. Après avoir scrupuleusement examiné le texte français tel qu'il se trouve dans *la Classe en allemand*, nous nous sommes contenté d'en donner une traduction. Les légères modifications que nous avons fait subir au texte primitif nous ont été signalées par l'auteur lui-même.

Nous sommes d'avis qu'on ferait bien de donner les deux vocabulaires et surtout les dialogues à apprendre par cœur. Il n'est nullement besoin de savoir parfaitement conjuguer pour comprendre et apprendre synthétiquement les phrases si simples qui les composent. D'ailleurs, quand la phrase anglaise n'est pas la reproduction littérale de la phrase française, le professeur pourra en faire le mot à mot et donner toutes les explications qu'il jugera nécessaires. Loin donc de nuire à l'enseignement méthodique et grammatical, ce petit livre lui vient plutôt en aide, et il peut être considéré comme la partie purement pratique de la classe. Nous laissons à messieurs les professeurs le soin d'expliquer les nuances de sens qui peuvent exister entre certains termes techniques français et leurs équivalents anglais.

Notre but, en offrant ce petit livre à ceux qui voudront s'appliquer à l'étude de la langue anglaise, a été non pas de leur créer une méthode, mais de leur faire connaître quelques expressions techniques de la bonne conversation en Angleterre. Nous avons voulu, en outre, les familiariser avec certaines abréviations dont les

Anglais font un si grand usage. Nous ne saurions avoir la prétention d'avoir fait un cours complet de conversation anglaise. Ce que nous avons surtout considéré, c'est la vie pratique de l'élève, à qui nous avons voulu faciliter l'étude d'une langue qu'il s'imagine bien souvent ne jamais pouvoir comprendre ni parler. Ce petit ouvrage que nous avons fait, sinon avec talent, du moins consciencieusement et laborieusement, est une pierre que nous avons posée, espérant que d'autres plus compétents viendront pour continuer et achever l'édifice !

CLASSE EN ANGLAIS

VOCABULAIRE

Nombres cardinaux.	Cardinal numbers.
Zéro.	Nought.
Un.	One.
Deux.	Two.
Trois.	Three.
Quatre.	Four.
Cinq.	Five.
Six.	Six.
Sept.	Seven.
Huit.	Eight.
Neuf.	Nine.
Dix.	Ten.
Onze.	Eleven.
Douze.	Twelve.
Treize.	Thirteen.
Quatorze.	Fourteen.
Quinze.	Fifteen.
Seize.	Sixteen.
Dix-sept.	Seventeen.
Dix-huit.	Eighteen.

Dix-neuf.	Nineteen.
Vingt.	Twenty.
Vingt et un, etc.	Twenty-one, etc.
Trente.	Thirty.
Quarante.	Forty.
Cinquante.	Fifty.
Soixante.	Sixty.
Soixante-dix.	Seventy.
Soixante et onze, etc.	Seventy-one, etc.
Quatre-vingts.	Eighty.
Quatre-vingt-dix.	Ninety.
Cent.	A hundred.
Cent un, etc.	A hundred and one, etc.
Cinq cents.	Five hundred.
Mille.	A thousand.
Mille un, etc.	A thousand and one, etc.
Mille six cents.	A thousand six hundred.
Deux mille.	Two thousand.
Un million.	A million.

Nombres ordinaux. **Ordinal numbers.**

Le premier, la première.	The first. — 1st.
Le second, la seconde.	The second. — 2d.
Le, la troisième.	The third. — 3d.
Le, la quatrième.	The fourth. — 4th.
Le, la cinquième.	The fifth. — 5th.
Le, la sixième.	The sixth. — 6th, etc.
Le, la septième.	The seventh.
Le, la huitième.	The eighth.
Le, la neuvième.	The ninth.
Le, la dixième.	The tenth.
Le, la onzième.	The eleventh.
Le, la douzième.	The twelfth.
Le, la treizième.	The thirteenth.

Le, la quatorzième.	The fourteenth.
Le, la quinzième.	The fifteenth.
Le, la seizième.	The sixteenth.
Le, la dix-septième.	The seventeenth.
Le, la dix-huitième.	The eighteenth.
Le, la dix-neuvième.	The nineteenth.
Le, la vingtième.	The twentieth.
Le, la vingt et unième, etc.	The twenty-first, etc.
Le, la trentième.	The thirtieth.
Le, la quarantième.	The fortieth.
Le, la cinquantième.	The fiftieth.
Le, la soixantième.	The sixtieth.
Le, la soixante-dixième.	The seventieth.
Le, la soixante et onzième.	The seventy-first, etc.
Le, la quatre-vingtième.	The eightieth.
Le, la quatre-vingt-dixième.	The ninetieth.
Le, la centième.	The hundredth.
Le, la cent-unième.	The hundred and first.
Le, la deux-centième.	The two-hundredth.
Le millième.	The thousandth.
Le millionième.	The millionth.
L'avant-dernier, — ère.	The last but one.
Le dernier, la dernière.	The last.

Nombres de répétition.	**Numbers of repetition.**
Une fois.	Once.
Deux fois.	Twice.
Trois fois.	Thrice, three times.
Quatre fois, etc.	Four times, etc.

Mois de l'année.	Months of the year.
Janvier.	January.
Février.	February.
Mars.	March.
Avril.	April.
Mai.	May.
Juin.	June.
Juillet.	July.
Août.	August.
Septembre.	September.
Octobre.	October.
Novembre.	November.
Décembre.	December.

Saisons.	Seasons.
Printemps.	Spring.
Été.	Summer.
Automne.	Autumn.
Hiver.	Winter.

Jours de la semaine.	Days of the week.
Lundi.	Monday.
Mardi.	Tuesday.
Mercredi.	Wednesday.
Jeudi.	Thursday.
Vendredi.	Friday.
Samedi.	Saturday.
Dimanche.	Sunday.

Le bâtiment de l'école. — The school-house.

Mur.	Wall.
Pignon.	Gable.
Grande porte.	Gate.
Toit.	Roof.
Ardoises.	Slates.
Tuiles.	Tiles.
Cheminée.	Chimney.
Cour.	Yard.
Jardin.	Garden.
Arbre.	Tree.
Fleur.	Flower.
Gouttière.	Gutter.
Ruisseau.	Kennel.
Terre.	Ground.
Sable.	Sand.
Fontaine.	Fountain.
Chapelle.	Chapel.
Cabinet de l'administration.	Administrator's office.
Cabinet d'histoire naturelle.	Natural history-room.
Cabinet de physique.	Natural philosophy-room.
Économat.	Purser's office.
Lingerie.	Linen-room.
Infirmerie.	Infirmary.
Réfectoire.	Dining-hall.
Cuisine.	Kitchen.
Dortoir.	Dormitory.
Lavabo.	Wash-hand stand.
Cabinet d'aisances.	Water-closet.
Classe.	Class.
Salle d'étude.	Study-hall.

Escalier.	Staircase.
Degrés.	Stairs.
Rampe.	Balustrade.
Palier.	Landing place.
Étage.	Story.
Façade.	Front.
Fenêtre.	Window.
Grille.	Grate.
Jalousies.	Venetian blinds.
Paratonnerre.	Lightning conductor.
Perron.	Steps.
Persienne.	Window-blind.
Sonnette, cloche.	Bell.
Vestibule.	Porch.
Vitre.	Pane.
Volet.	Shutter.
Voûte.	Vault.

Le personnel. — The staff.

Proviseur.	Head-master.
Directeur, supérieur.	Rector.
Sous-directeur.	Subrector.
Censeur.	Censor.
Surveillant général.	General superintendent.
Aumônier.	Chaplain.
Économe.	Purser.
Commis d'économat.	Purser's-clerk.
Caissier.	Cashier.
Secrétaire.	Secretary.
Professeur.	Professor.
Maître-répétiteur.	Sub-professor.
Surveillant.	Usher.
Maître d'armes.	Fencing-master.
Maître de musique.	Music-master.

Maître d'écriture. — Writing-master.
Maître de dessin. — Drawing-master.
Dépensier. — Bursar.
Garçon. — Servant.
Concierge. — Porter.
Tambour. — Drummer.

L'élève. — The pupil.

Interne, pensionnaire. — Boarder.
Demi-pensionnaire. — Day-boarder.
Externe. — Day-scholar.
Boursier. — Foundation-scholar.

Le trousseau. — The kit.

Vêtements. — Clothes.
Chemise. — Shirt.
Col. — Collar.
Faux col. — False collar.
Mouchoir. — Handkerchief.
Manchette. — Ruffle.
Gilet de flanelle. — Flannel waistcoat.
Cravate. — Neckcloth.
Bas. — Stocking.
Chaussette. — Sock.
Soulier. — Shoe.
Botte. — Boot.
Bottine. — Half-boot.
Caleçon. — Drawers.
Pantalon. — Pantaloons.
Bretelles. — Braces.
Sous-pied. — Strap.
Gilet. — Waistcoat.

Habit.	Coat.
Redingote.	Frock-coat.
Tunique.	Tunic.
Ceinturon.	Belt.
Pardessus.	Great coat.
Manteau.	Cloak.
Chapeau.	Hat.
Casquette.	Cap.
Képi.	Kepi.
Ciseaux.	Scissors.
Peigne.	Comb.
Peigne fin.	Small-toothed comb.
Brosse à cheveux.	Hair-brush.
Brosse à dents.	Tooth-brush.
Brosse à habits.	Clothes-brush.

Ustensiles de classe.   School-implements.

Carte.	Map.
Thermomètre.	Thermometer.
Table.	Table.
Tableau.	Board.
Banc.	Form.
Pupitre.	Desk.
Registre.	Register.
Cahier.	Copy-book.
Canif.	Penknife.
Crayon.	Pencil.
Écritoire.	Standish.
Encre.	Ink.
Encrier.	Inkstand.
Gomme élastique.	India rubber.
Grattoir.	Scratching-knife.
Livre.	Book.
Papier.	Paper.

Papier brouillard.	Blotting-paper.
Rame.	Ream.
Main.	Quire.
Feuille.	Sheet.
Demi-feuille.	Half a sheet.
Plume.	Pen.
Plume métallique.	Steel pen.
Plume taillée.	Cut pen.
Portecrayon.	Pencilcase.
Portefeuille.	Portfolio.
Porte-plume.	Pen-holder.
Essuie-plume.	Pen-wiper.
Tuyau de plume.	Barrel.
Poudrier.	Sandbox.
Poudre.	Sand.
Règle.	Ruler.
Buvard.	Blotting-case.
Cahier de brouillon.	Waste-book.
Cahier au net.	Neat-book.
Dictionnaire.	Dictionary.
Cahier de correspondance.	Correspondence-book.
Grammaire.	Grammar.
Cours de thèmes.	Book of exercises.
Cours de versions.	Book of translations.
Recueil de dialogues.	Dialogue-collection.

Le devoir. — **The task.**

Copie.	Copy.
Thème.	Exercise
Version.	Translation.
Dictée.	Dictation.
Analyse.	Parsing.
Poésie.	Poetry.

Narration.	Essay.
Dissertation.	Theme.
Écriture.	Writing.
Orthographe.	Spelling.
Ponctuation.	Punctuation.
Virgule.	Comma.
Point et virgule.	Semi-colon.
Deux points.	Colon.
Point.	Full stop.
Point d'exclamation.	Note of exclamation.
Point d'interrogation.	Note of interrogation.
Tiret.	Dash.
Trait d'union.	Hyphen.
Parenthèse.	Parenthesis.
Guillemets.	Inverted commas.
Traduction.	Translation.
Faute.	Mistake.
Solécisme.	Solecism.
Barbarisme.	Barbarism.

Matières enseignées.	**Branches taught.**
Algèbre.	Algebra.
Arithmétique.	Arithmetic.
Chant.	Singing.
Chimie.	Chemistry.
Dessin.	Drawing.
Écriture.	Writing.
Géographie.	Geography.
Géométrie.	Geometry.
Grammaire.	Grammar.
Histoire.	History.
Histoire naturelle.	Natural history.
Humanités.	Humanities.
Lecture.	Reading.

Littérature.	Literature.
Lettres.	Letters.
Mathématiques.	Mathematics.
Mécanique.	Mechanics.
Musique.	Music.
Philosophie.	Philosophy.
Physique.	Natural philosophy, physics.
Poésie.	Poetry.
Prose.	Prose.
Rhétorique.	Rhetoric.
Trigonométrie.	Trigonometry.
Cosmographie.	Cosmography.
Grec.	Greek.
Latin.	Latin.
Allemand.	German.
Anglais.	English.
Escrime.	Fencing.
Gymnastique.	Gymnastics.

Différents prénoms d'hommes et de femmes dont l'orthographe n'est pas la même dans les deux langues.	**Various christian names of men and women which are spelt differently in each language.**
Adeline.	Adelina.
Adolphe.	Adolphus.
Adrien.	Adrian.
Adrienne.	Adriana.
Agathe.	Agatha.
Aglaé.	Aglaia.
Albertine.	Albertina.
Alexandre.	Alexander.
Alphonse.	Alphonso.

Aimée.	Amabel.
Ambroise.	Ambroso.
Amédée.	Amedeus.
Amélie.	Amelia.
André.	Andrew.
Ange.	Angelo.
Anne.	Anna.
Antoine.	Anthony.
Auguste.	Augustus.
Aurore.	Aurora.
Basile.	Basil.
Baudouin.	Baldwin.
Benoît.	Benedict.
Berthe.	Bertha.
Bertrand.	Bertram.
Camille.	Camilla.
Cécile.	Cecilia.
Célestin.	Celestine.
Chrétien.	Christian.
Christine.	Christina.
Christophe.	Christopher.
Clarisse.	Clarissa.
Claudie.	Claudia.
Clémentine.	Clementina.
Clotilde.	Clotilda.
Dominique.	Dominick.
Edmond.	Edmund.
Edouard.	Edward.
Eléonore.	Eleanor.
Elisabeth.	Elisabeth.
Elise.	Eliza.
Emilie.	Emily.
Eudoxie.	Eudoxia.
Eugène.	Eugenius.
Eugénie.	Eugenia.
Flore.	Flora.

François.	Francis.
Françoise.	Frances, Fanny.
Frédéric.	Frederick.
Gauthier.	Walter.
Geoffroy.	Geoffry.
Georges.	George.
Godefroy.	Godfrey.
Grégoire.	Gregory.
Guillaume.	William.
Gustave.	Gustavus.
Hélène.	Helen, Helena.
Héloïse.	Eloisa.
Henri.	Henry.
Henriette.	Henrietta, Harriet.
Hortense.	Hortensia.
Hugues.	Hugh.
Hyacinthe.	Hyacinthus.
Isabelle.	Isabella.
Jacques.	James.
Jean.	John.
Jeanne.	Jane.
Jeannette.	Janet, Jenny.
Jules.	Julius.
Julie.	Julia.
Julien.	Julian.
Julienne.	Juliana.
Juliette.	Juliet.
Justine.	Justina.
Laure.	Laura.
Laurent.	Laurence.
Lisette.	Lizzy.
Livie.	Livia.
Louis.	Lewis.
Louise.	Louisa.
Lucie.	Lucy.
Lucien.	Lucian.

Lydie.	Lydia.
Madeleine.	Magdalen.
Marc.	Mark.
Marguerite.	Margaret.
Marie.	Mary.
Marthe.	Martha.
Mathilde.	Matilda, Maud.
Matthieu.	Matthew.
Michel.	Michael.
Nannette.	Nancy, Nanny.
Nicolas.	Nicholas.
Ninon.	Nino.
Olivier.	Oliver.
Olympe.	Olympia.
Ophélie.	Ophelia.
Patrice.	Patrick.
Pierre.	Peter.
Raoul.	Ralph.
Rodolphe.	Rodolph
Roland.	Rowland.
Ruben.	Reuben.
Sara.	Sarah.
Sophie.	Sophia.
Susanne.	Susan, Susannah.
Théophile.	Theophilus.
Thérèse.	Theresa.
Timothée.	Timothy.
Urbain.	Urban.
Ursule.	Ursula.
Valentin.	Valentine.
Valérie.	Valeria.
Virginie.	Virginia.

Quelques abréviations très-usitées.

Some abbreviations very much in use.

Can't. pour Cannot.	Ne'er. — Never.
Cou'dn't. — Could not.	O'er. — Over.
Don't. — Do not.	She's. — She is.
Hadn't. — Had not.	Shou'dn't.—Should not.
Haven't. — Have not.	That's. — That is.
He'll. — He will.	There's. — There is.
He's. — He is.	They'll. — They will.
Here's. — Here is.	Thou'rt. — Thou art.
I'll. — I will.	Thou'st. — Thou hast.
I'm. — I am.	'Twan't. — It was not.
I've. — I have.	'Twere. — It were.
Isn't. — Is not.	'Tisn't. — It is not.
It's. — It is.	What's. — What is.
Let's. — Let us.	Where's. — Where is.
Mustn't. — Must not.	Wou'dn't.— Would not.
Ma'am. — Madam.	You'll. — You will.
Mr. — Mister.	You're. — You are.
Mrs. — Mistress.	You've. — You have.

DIALOGUES

DE LA PREMIÈRE PARTIE

PENDANT LA CLASSE

DIALOGUE 1.	**DIALOGUE I.**
La classe en général.	**The class in general.**

Entrez en classe.	Come into the class.
Bonjour, monsieur.	Good morning, sir.
Allez à votre place.	Go to your place.
Prenez vos places.	Take your places.
Je vais faire l'appel des élèves.	I am going to call the pupils.
Présent. — Ici.	Present. — Here.
Qui est absent ?	Who is absent ?
Qui encore ?	Who else ?
Pourquoi êtes-vous en retard ?	Why are you late ?
Je vais ramasser les copies.	I am going to collect the copies.
J'ai oublié mon devoir chez moi.	I have forgotten my task at home.
Nous allons réciter la leçon.	We are going to repeat the lesson.

Commencez.	Begin.
Levez-vous. — Asseyez-vous.	Stand up. — Sit down.
C'est bien. — C'est mal.	It is right. — It is wrong.
Encore une fois la même chose.	Once more the same thing.
Le suivant. — Le même.	The next one. — The same one.
Qui est le suivant ?	Who is the next one ?
Moi, monsieur.	I, sir.
Comment vous appelez-vous ?	What is your name ?
Je m'appelle…	My name is…
Eh bien, continuez.	Well ! Go on.
Que vous ai-je demandé ?	What have I asked you ?
Je ne sais pas.	I do not know.
Que me demandez-vous ?	What do you ask me ?
Qu'ai-je dit ?	What have I said ?
Vous avez dit…	You have said…
Avez-vous compris ce que je vous ai dit ?	Have you understood what I have told you ?
Je n'ai pas compris.	I have not understood.
Répétez ma question. Vite !	Repeat my question. Quick !
Répondez en anglais et non en français.	Answer in English and not in French.
Nous allons corriger le devoir.	We are going to correct the task.
Votre devoir est mal écrit.	Your task is badly written.
Je vais donner la leçon et le devoir pour la prochaine fois.	I am going to give the lesson and task for next time.
Écrivez le thème.	Write the exercise.
Monsieur ?	Sir ?
Que voulez-vous ?	What do you want ?

Permettez-moi de sortir un instant.	Allow me to go out for a while.
Allez.	Go.
Merci, monsieur.	Thank you, sir.
Allez au tableau.	Go to the board.
C'est à moi.	It is my turn.
Comment se dit le mot..? Que signifie ce mot? — En anglais, en français.	How is the word... said? What is meant by this word? — In English, in French.
Tenez-vous comme il faut. — Silence! Ne causez pas.	Behave yourself properly. — Silence! Do not talk.
Faites attention! — Attention!	Pay attention! — Attention!
Vous ne suivez pas.	You do not follow.
Expliquons maintenant un passage des morceaux choisis. Écoutez bien.	Let us now explain a piece in the select collection. Be very attentive.
Vous n'avez pas de livre? Pourquoi cela?	You have no book? Why so?
Je l'ai perdu.	I have lost it.
Lisez la phrase suivante.	Read the following sentence.
L'heure sonne. Sortez sans bruit.	The clock strikes. — Go out quietly.

DIALOGUE II.

Entrée en classe.

Entrez sans bruit.	Come in quietly.
Où allez-vous donc?	But where are you going?

DIALOGUE II.

Coming into class.

Où voulez-vous aller ?

Where do you want to go?

Allez à votre place.

Go to your place.

Restez assis.

Remain seated.

Vous avez changé de place.

You have changed your place.

Vous n'êtes pas à votre place.

You are out of your place.

Pardon, monsieur, je me suis trompé de place.

Excuse me, sir, I have taken the wrong place.

Reprenez votre place habituelle.

Go back to your usual place.

Allez-y.

Go.

Vous êtes trop serrés sur ce banc.

You sit too close together on this form.

Avancez par là. — Reculez-vous à droite, à gauche.

Move on that way. — Go back to your right, to your left.

Mettez-vous sur un autre banc.

Take your place on another form.

Allez à côté de monsieur B.; derrière monsieur B.

Go near master B.; behind master B.

Otez donc votre képi. On n'entre pas ici avec la casquette sur la tête.

But take off your kepi. You must not come here with your cap on your head.

Voulez-vous me permettre de rester couvert ? Je me suis fait couper les cheveux et je suis enrhumé.

Will you allow me to keep my cap? I have had my hair cut and I have caught a cold.

Que les externes se mettent sur les premiers bancs.

Let the day-scholars take their seats on the first forms.

Vous conserverez toujours les mêmes places.	You shall always keep the same places.

DIALOGUE III.

L'appel. Un nouveau.

Je vais faire l'appel des élèves.	I am going to call the pupils.
Je vais inscrire vos noms.	I am going to inscribe your names.
Présent. — Ici.	Present. — Here.
Monsieur, il y a un nouveau.	Sir, there is a new one.
Comment vous appelez-vous?	What is your name?
Votre nom de famille, votre prénom, votre nom de baptême?	Your family name, your first name, your christian name?
Comment écrivez-vous votre nom?	How do you spell your name?
Êtes-vous interne ou externe?	Are you a boarder or a day-scholar?
Je suis demi-pensionnaire. Je suis externe. Je suis dans la pension Massin.	I am a day-boarder. I am a day-scholar. I am a scholar of Massin's academy.
Quel âge avez-vous?	How old are you?
J'ai douze ans.	I am twelve years old.
Où êtes-vous né?	Where were you born?
A Paris.	In Paris.
Où étiez-vous l'an dernier?	Where were you last year?

Dans un lycée de province. — In a provincial grammar-school.

Savez-vous l'anglais ? — Do you know English ?

Pas beaucoup. Je le comprends un peu ; mais je ne parle pas encore couramment. — Not much. I understand it a little ; but I do not yet speak fluently.

Vous vous faites comprendre, c'est l'essentiel. — You make yourself understood, it is the main point.

Vous êtes encore trop peu au courant de la classe. — You are still too little acquainted with the class.

Avez-vous déjà appris l'anglais ? — Have you already learned English ?

Où l'avez-vous appris ? — Where have you learned it ?

Avez-vous été en Angleterre ? — Have you been in England ?

Combien de temps ? — How long ?

J'ai eu un précepteur. — I have had a private tutor.

J'ai appris cette langue à la maison et à l'école. — I have learned that language at home and at school.

Il faudra bien travailler pour vous mettre au courant. — You must fag hard to be even with your work.

Depuis deux ans je n'ai plus fait d'anglais. — I have not practised English for these two years.

C'est pour cela que je manque d'exercice. — For that very reason I lack practice.

Voici les livres dont vous aurez besoin dans cette classe. — Here are the books which you will need in this class.

Je me les suis déjà pro-
curés.

I have already got them.

DIALOGUE IV.

L'absence.

DIALOGUE IV.

Being absent.

Qui est absent aujour-
d'hui?

Who is absent to-day?

Sur le premier banc;
sur le deuxième banc;
sur le banc suivant;
sur le dernier banc?

On the first form; on the
second one; on the
next one; on the last
one?

Personne n'est absent.

Nobody is absent.

Manque-t-il quelqu'un à
cette place?

Is any body missing
from this place?

Je n'en sais rien. Il ne
manque personne ici.

I know not. Nobody is
missing here.

N. est absent.

N. is absent.

Savez-vous pourquoi?

Do you know why?

Il a quitté le lycée. Il
ne reviendra plus. Il
a été renvoyé. Il est
parti chez ses pa-
rents.

He has left the school.
He will come back no
more. He has been dis-
missed. He is gone
home.

Il est passé en quatriè-
me.

He has risen into the
fourth class.

Son père part aujour-
d'hui.

His father leaves to day.

Sa mère est très-ma-
lade.

His mother is very ill.

Je crois qu'il est ma-
lade. — Il est indis-
posé.

I think he is ill. — He is
unwell.

Qu'a-t-il?	What ails him?
Il a la fièvre; il est enrhumé; il a mal aux dents, mal à la tête; la fièvre scarlatine, la petite vérole, la rougeole. Il tousse.	He is feverish; he has caught a cold; he has got tooth-ache, head ache; scarlet - fever, small pox, measles. He coughs.
Où est-il?	Where is he?
A l'infirmerie; à la campagne.	In the sick-ward; in the country.
Il est aux arrêts.	He is put under arrest.
Il est resté chez lui.	He staid at home.
Est-il gravement malade?	Is he dangerously ill?
Savez-vous s'il va mieux?	Do you know whether he is better?
Il va déjà mieux aujourd'hui.	He is already better to-day.
Je l'ai vu hier; il était au lit.	I have seen him yesterday; he was in bed.
Le médecin lui a dit qu'il ira beaucoup mieux quand son pensum sera fini.	The physician told him that he will be much better when his imposition is done.
Vous étiez absent la dernière fois?	You were absent last time?
Avez-vous une excuse?	Have you got an apology?
Oui, monsieur; mon absence a été justifiée. Voici mon attestation visée par monsieur le censeur.	Yes, sir; my absence has been accounted for. Here is my apology with the censor's visa put to it.
Depuis quand avez-vous été absent?	Since when have you been absent?

Depuis lundi ; j'ai man-
qué à deux classes.

Since monday; I have
missed two classes.

J'ai été absent toute la
semaine.

I have been absent for
the whole week.

———

DIALOGUE V.

Le retard.

DIALOGUE V.

Being late.

N. n'est pas là ?

N. is not there ?

Non, monsieur ; mais
il va venir tout à
l'heure. Je l'ai vu un
instant avant d'entrer.
Il a été appelé au bu-
reau.

No, sir; but he will come
presently. I have seen
him just before com-
ing in. He has been
summoned to the of-
fice.

D'où venez-vous ?

Where do you come from?

Je viens du bureau.

I come from the office.

Pourquoi êtes-vous en
retard ?

Why are you late ?

Je n'ai pas pu venir plus
tôt.

I could not come sooner.

Je demeure très-loin d'ici.

I live very far from here.

J'ai laissé passer l'heure.

I have overlooked the
hour.

Ma montre retarde.

My watch is slow.

Cela ne me regarde
pas. — Il faut vous
régler sur l'horloge du
lycée.

I don't care.— You must
set your watch by the
clock of the school.

J'ai été retenu à l'étude
par le maître répéti-
teur.

I have been kept in the
study hall by the us-
her.

J'ai été retardé en chemin.	I have been kept on the way.
Je suis tombé ; je me suis démis le pied et je n'ai pu marcher assez vite.	I have had a fall ; I have had my foot put out of joint and I could not walk quick enough.
Je vous avais déjà marqué absent.	I had already put down your name for absent.
Voilà deux fois que vous venez en retard. — Soyez exact une autre fois.	This is the second time that you are late. — Be punctual another time.

DIALOGUE VI.

La remise des copies.

DIALOGUE VI.

Giving up the copies.

Je vais ramasser les copies.	I am going to collect the copies.
Dois-je recueillir les devoirs ?	Shall I collect the tasks ?
B., ramassez les devoirs.	B., collect the tasks.
Toutes les copies sont-elles là ?	Are all the copies there ?
D., m'avez-vous remis la vôtre ?	D., have you given me yours ?
Donnez-la-moi donc.	Well, give it me.
Je n'ai plus qu'un mot à y ajouter.	I have but a word to add.
C'est chez vous, et non en classe qu'il faut faire votre devoir.	You must do your task at home and not in the class.

Qui ne m'a pas remis sa copie?
Who has not given me his copy?

Moi. — Qui encore?
I. — Who else?

Pour quel motif?
Why not?

Je ne l'ai pas faite.
I have not done it.

J'étais absent la dernière fois.
I was absent last time.

La dernière fois, c'est possible; mais vous étiez ici l'avant-dernière fois, il y a huit jours, quand j'ai indiqué le devoir.
Last time, that may be; but you were here the time before last, eight days ago, when I set the task.

Oui, monsieur; mais je ne suis rentré que ce matin.
Yes, sir; but I only came back this morning.

Je ne savais pas quel devoir on avait à faire pour aujourd'hui.
I did not know what task we had to do for to-day.

Vous auriez pu vous en informer.
You might have asked for it.

Je n'ai pas eu le temps de faire ma copie.
I have had no time to write my copy.

F., je ne vois pas votre devoir.
F., I do not see your task.

Pardon, monsieur, il est avec les autres.
I beg your pardon, sir, it is with the other ones.

Pourquoi n'avez-vous pas levé la main quand j'ai demandé qui n'avait pas remis son devoir?
Why did you not lift up your hand when I asked who had not given his task?

Je l'ai perdu en chemin.
I have dropped it on the way.

Cette excuse ne vaut rien.
This excuse is worth nothing at all.

Je l'ai oublié chez moi, dans mon pupitre, à l'étude, dans mon buvard.

I have forgotten it at home, in my desk, in study, in my blotting-case.

Je le cherche partout, mais je ne puis le trouver. Le voici enfin dans mon cahier.

I look every where for it, but I can't find it out. Here it is at last in my copy-book.

Voulez-vous me permettre d'aller le chercher ?

Will you allow me to go and fetch it?

Vous me l'apporterez à la fin de la classe.

You shall bring it me when the class is over.

Voici une copie sans nom.

Here is a copy without a name.

A qui est-elle ?

Whose copy is it?

A moi. C'est la mienne.

Mine. It is mine.

Il faut toujours signer sa copie.

You must always put down your name on your copy.

DIALOGUE VII.

La leçon.

DIALOGUE VII.

The lesson.

Nous allons passer à la récitation des leçons.

We shall now begin to repeat the lessons.

Quelle leçon avez-vous pour aujourd'hui ?

What lesson have you got for to-day?

Il n'y en a pas.

There is none.

Nous avons à apprendre la règle et le commencement de l'exercice correspondant.

We have to learn the rule and the beginning of the exercise corresponding to it.

Nous avons la dernière strophe de la poésie dictée et la moitié de l'exercice à apprendre par cœur.

We have the last stanza of the poetry dictated and half the exercise to learn by heart.

Commençons par la leçon de grammaire.

Let us begin by the lesson of grammar.

Fermez vos livres pour réciter la leçon.

Shut your books to repeat the lesson.

Votre livre est ouvert.

Your book is open.

Il n'est pas ouvert à la page où se trouve la leçon.

It is not open at the page where the lesson is.

Cela ne fait rien : fermez-le.

No matter : shut it up.

Passez-moi un livre, s'il vous plaît.

Hand me a book, if you please.

Que désirez-vous ?

What do you want ?

Je voudrais réciter ma leçon.

I should like to repeat my lesson.

Commencez. — Le suivant. — Continuez.

Begin. — The next one. — Go on.

Je vous dis de continuer et non de recommencer.

I tell you to go on and not to begin again.

Je n'ai pas eu le temps d'apprendre la fin de la leçon. — Je ne sais que le commencement.

I have had no time to learn the end of the lesson. — I know but the beginning.

Reprenez la même leçon.

Take up again the same lesson.

Je n'ai pas pu l'apprendre, j'étais malade.

I could not learn it, I was ill.

Nous avons été au bain ce matin et il nous a

We went to bathe this morning and it was

été impossible d'apprendre la leçon d'aujourd'hui.

impossible for us to learn the lesson for to day.

Je n'ai pas encore de livre. — On ne m'en a pas encore donné.

I have not yet a book. — They have not yet given me one.

Il n'y en a plus chez le libraire.

There is no more at the bookseller's.

La page manque dans mon livre. Mon livre est tout déchiré.

The page is wanting in my book. My book is all torn.

Il y a une grande tache d'encre à l'endroit de la leçon.

There is a large blot where the lesson is.

Vous auriez pu emprunter le livre d'un de vos camarades.

You might have borrowed the book from one of your fellows.

DIALOGUE VIII.

Même sujet.

DIALOGUE VIII.

The same.

Vous ne savez jamais vos leçons. — Vous n'en avez pas su une seule cette semaine; si tout cela n'est pas réparé pour samedi, vous serez consigné dimanche.

You never know your lessons. — You have not known a single one this week; if all that is not made up for on saturday, you shall be kept in on sunday.

Cette leçon n'est pas sue. C'est très-mal, très-médiocre.

This lesson is not known. It is very bad, very poor.

Vous ne dites rien. — Est-ce tout?	You say nothing. — Is it all?
N'allez pas si vite! Ne bredouillez pas ainsi!	Don't go so fast! Do not stammer out thus!
C'est très-bien récité; malheureusement cela ne compte pas.	It is very well said; unfortunately it goes for nothing.
Pourquoi?	Why?
Parce que vous lisez votre leçon.	Because you read over your lesson.
Qu'est-ce que vous cachez? — Où est votre livre? — Derrière le dos de votre camarade, n'est-ce pas? Votre ami a bon dos.	What are you concealing? — Where is your book? — Behind your fellow's back, is it not? Your friend is broad-backed.
Je ne lisais pas ma leçon.	I was not reading over my lesson.
Alors vous faisiez semblant de la lire; et pour cette raison, vous la copierez six fois.	Then you seemed to read it over; and for that reason, you shall copy it out six times.
C'est par hasard que mon livre s'est trouvé contre le dos de N.	It is by mere chance that my book happened to be against the back of N.
Il n'est pas raisonnable de dire une telle chose.	It is nonsensical to say such a thing.
Ce n'est qu'à moitié su.	It is but half known.
C'est tiré par les cheveux. — Vous n'en savez pas un mot.	It is far-fetched. — You know not a single word.
Je ne la comprends pas.	I don't understand it.
On l'a pourtant expliquée la dernière fois.	Yet it has been explained last time.

J'étais sorti pendant ce temps.

I was out at that time.

J'ai appris la strophe précédente.

I have learned the preceding stanza.

C'est très-bien su; vous aurez une bonne note.

It is very well known; you shall have a good mark.

Il paraît que vous ne savez pas votre leçon, puisqu'on vous la souffle.

It seems you don't know your lesson, since they are prompting you.

Vous qui soufflez si bien, c'est à vous à réciter la leçon.

You who so well prompt, it is your turn to repeat the lesson.

DIALOGUE IX.

Même sujet.

DIALOGUE IX.

The same.

Ouvrez vos livres. — Nous allons préparer la leçon suivante. Je vais vous indiquer la leçon pour la prochaine fois.

Open your books. — We are going to prepare the following lesson. I am going to set the lesson for next time.

Vous apprendrez la règle suivante dans la grammaire.

You shall learn the next rule in the grammar.

Lisez-la tout haut.

Read it aloud.

Nous allons l'expliquer.

We are going to explain it.

Vous aurez à apprendre par cœur les dix pre-

You shall have to learn by heart the first ten

mières lignes du morceau que nous venons d'expliquer.

lines of the piece we have just explained.

Pour la prochaine fois vous aurez à repasser la même leçon, plus la fin de l'exercice à apprendre.

For next time you shall have to look over the same lesson, in addition to which you shall learn the end of the exercise.

Faudra-t-il l'apprendre par cœur?

Must we learn it by heart?

Sans doute. Vous ne la saurez jamais trop bien. Ne craignez pas de devenir trop savants.

Of course. You will never know it too well. Don't be afraid of becoming too learned.

On apprendra en outre quinze mots dans le vocabulaire.

You shall besides learn fifteen words in the vocabulary.

Je dirai le mot français et vous m'en direz la signification en anglais.

I shall say the French word and you will give me the English word for it.

Je donnerai une immunité de cinq heures à l'élève qui me récitera cinquante lignes sans faute.

I will give five hours' holiday as a reward to the pupil who will repeat fifty lines to me without a mistake.

DIALOGUE X.

La copie.

DIALOGUE X.

The copy.

Voyons les copies.

Let us see the copies.

Vous n'avez pas fini votre

You have not finished

copie. — Votre devoir est incomplet.	your copy. — Your task is unfinished.
Il était si long!	It was so long!
Vous me le rapporterez cinq fois, ce qui, j'es-père, vous corrigera.	You shall bring it back to me five times, which, I hope, will set you right.
Votre copie n'a pas de marge. — La marge n'est pas assez large. —Elle est trop étroite.	Your copy has no margin. — The margin is not large enough. — It is too narrow.
Je vous rendrai vos copies aussitôt corrigées. — Vous trouverez à la marge des observations pour motiver les corrections.	I shall return your copies as soon as I have corrected them. — You will find in the margin remarks to account for the corrections.
Votre copie est bien malpropre.—Voyez quelles taches d'encre! Comment vous y êtes-vous pris?	Your copy is very dirty. — See what blots! How did you manage it?
J'ai renversé mon encrier sur ma copie.	I have overset my inkstand on my copy.
Cette feuille est toute froissée. Elle est mal déchirée. Elle est coupée de travers.	This sheet is quite rumpled. It is badly torn. It is cut out all across.
Vous l'avez détachée de votre cahier.	You have torn it from your copy-book.
Je ne puis accepter une pareille copie.	I can't take such a copy.
Veuillez m'excuser pour cette fois. — Je l'ai laissée tomber en che-	Have the kindness to excuse me for this time. — I let it fall by the

min dans la rue et il
faisait de la boue.
Je regrette de n'avoir
pas eu le temps de la
refaire avant la classe.

way into the street
and there was mud.
I am sorry I had no time
to do it over again
before the class.

DIALOGUE XI.

Même sujet.

Vous mettrez désormais
l'en-tête de votre co-
pie et le titre des de-
voirs en anglais.
En écrivant souvent les
mêmes mots, vous les
retiendrez plus facile-
ment.

Voici quelques expres-
sions dont vous pour-
rez vous servir dans
l'en-tête de votre co-
pie :
Lycée. — Collége com-
munal.
École de commerce.
Ecole Bossuet.
Enseignement de l'an-
glais. — Classes infé-
rieures. — Classes su-
périeures.
Classe préparatoire à l'é-
cole polytechnique, à
l'école militaire, à l'é-

DIALOGUE XI.

The same.

You shall henceforth put
the heading of your
copy and the title of
the tasks in English.
By often writing the same
words, you will keep
them more easily.

Here are some terms
which you can make
use of in the heading
of your copy :

Grammar-school. — Pa-
rish school.
Commercial school.
Bossuet school.
English teaching. — Lo-
wer classes. — Upper
classes.

Preparatory class to the
polytechnic school, to
the military school,

cole forestière, à l'école centrale.—Classe de mathématiques spéciales. — Classe de mathématiques élémentaires, 2e année.

to the forest school, to the central school. — Class of special mathematics. — Class of elementary mathematics, second year.

Cours supérieur.

Higher class.

Cours intermédiaire.

Middle class.

Cours inférieur.

Lower class.

Quatrième.

Fourth class.

Cinquième.

Fifth class.

Sixième.

Sixth class.

Septième.

Seventh class.

Huitième.

Eighth class.

Première, deuxième, troisième division.

First, second, third division.

Vous avez écrit sur votre copie : *Lege*, *quæso.* Comment diriez-vous cela en anglais? — *Lege, quæso.*

You have written on your copy : *Lege*, *quæso.* How would you translate that into English? — *Pray, read.*

Vous avez écrit le mot *fin* en français. Mettez-le en anglais.—Fin.

You have written the word *fin* in French. Put it in English. — End.

Vous mettrez aussi sur votre copie la date en anglais et vous l'écrirez en toutes lettres.

You shall also put on your copy the date in English and you shall write it at full length.

Pour cela, il faut savoir les noms des jours de la semaine.

For that reason, you must know the names of the days of the week.

Lundi. — Mardi. — Mercredi. — Jeudi. — Vendredi. — Samedi. — Dimanche.

Monday. — Tuesday. — Wednesday. — Thursday. — Friday. — Saturday. — Sunday.

Les noms des douze mois de l'année sont :

Janvier. — Février. — Mars. — Avril. — Mai. — Juin. — Juillet. — Août. — Septembre. — Octobre. Novembre. — Décembre.

The names of the twelve months of the year are :

January. —February. — March. — April. — May. — June. — July. — August. — September. — October. November. — December.

DIALOGUE XII.

Même sujet.

DIALOGUE XII.

The same.

On se sert, pour marquer la date, du nombre ordinal.

Voici les diverses dates du mois en toutes lettres, telles que vous les marquerez sur la copie :
Le premier.
Le deux.
Le trois.
Le quatre.
Le cinq.
Le six.
Le sept.
Le huit.
Le neuf.
Le dix.
Le onze.

To set the date, the ordinal number is used.

Here are the several dates of the month at full length, such as you shall set them on your copy :
The first.
The second.
The third.
The fourth.
The fifth.
The sixth.
The seventh.
The eighth.
The ninth.
The tenth.
The eleventh.

Le douze.	The twelfth.
Le treize.	The thirteenth.
Le quatorze.	The fourteenth.
Le quinze.	The fifteenth.
Le seize.	The sixteenth.
Le dix-sept.	The seventeenth.
Le dix-huit.	The eighteenth.
Le dix-neuf.	The nineteenth.
Le vingt.	The twentieth.
Le vingt et un.	The twenty-first.
Le vingt-deux.	The twenty-second.
Le vingt-trois.	The twenty-third.
Le vingt-quatre.	The twenty-fourth.
Le vingt-cinq.	The twenty-fifth.
Le vingt-six.	The twenty-sixth.
Le vingt-sept.	The twenty-seventh.
Le vingt-huit.	The twenty-eighth.
Le vingt-neuf.	The twenty-ninth.
Le trente.	The thirtieth.
Le trente et un.	The thirty first.

Enfin l'année : dix-huit cent soixante - douze (mil huit cent).

Lastly the year : eighteen hundred and seventy-two (one thousand eight hundred).

Exemple d'une date complète : Lundi, le vingt-deux janvier dix-huit cent soixante-douze.

Example of a whole date : Monday, the twenty-second of january eighteen hundred and seventy-two.

Vous pourrez aussi indiquer l'heure de la manière suivante :

You may also set the hour in the following way :

Une heure.	One o'clock.
Deux heures.	Two o'clock.
Trois heures.	Three o'clock.
Quatre heures.	Four o'clock.

Cinq heures.	Five o'clock.
Six heures.	Six o'clock.
Sept heures.	Seven o'clock.
Huit heures.	Eight o'clock.
Neuf heures.	Nine o'clock.
Dix heures.	Ten o'clock.
Onze heures.	Eleven o'clock.
Midi. — Minuit.	Noon. — Midnight.
Les quarts, les demies et les minutes se marquent ainsi qu'il suit :	The quarters, halves and minutes are said as follows :
Midi et quart.	A quarter past twelve.
Deux heures 3/4.	Three quarters past two.
Quatre heures et demie.	Half past four.
Cinq heures moins dix minutes.	Ten minutes to five.
Six heures et vingt minutes.	Twenty minutes past six.
Huit heures et vingt-cinq minutes.	Twenty five minutes past eight.
Voici le titre de chacun de vos devoirs.	Here is the title of each of your tasks.
Devoir d'anglais.	English task.
Version.	Translation.
Version, mot à mot.	Translation, word for word.
Français de la version.	Free translation.
Thème.	Exercise.
Dictée anglaise.	English dictation.
Narration.	Essay.
Dissertation anglaise.	English theme.
Corrigé du devoir.	Corrected copy.
Analyse anglaise.	English parsing.
Analyse logique.	Logical parsing.
Analyse grammaticale.	Grammatical parsing.

Exemple d'un titre de copie :
Lycée Charlemagne.

Mercredi, le quatorze février dix-huit cent soixante-douze.

Onze heures dix minutes.
Classe de sixième. — Deuxième division.
Devoir d'anglais.
Version, mot à mot.

Ne négligez aucune occasion d'apprendre des mots et de les répéter souvent pour mieux les retenir.
Remarquez bien comment on les écrit.

Example of the heading of a copy :
Charlemagne grammar-school.

Wednesday, the fourteenth of February eighteen hundred and seventy-two.

Ten minutes past eleven.
Sixth class. — Second division.
English task.
Translation, word for word.

Neglect no opportunity of learning words and of repeating them over and again in order to keep them better.
Take great notice of the way in which they are spelt.

DIALOGUE XIII.

L'écriture.

Votre copie est très-mal écrite. — C'est griffonné, barbouillé.
Quelle mauvaise écriture ! Soignez-la mieux désormais.

DIALOGUE XIII.

Writing.

Your copy is very badly written. — It is scrawled, scribbled.
What bad writing ! — Look better after it henceforth.

C'est illisible. — Vous ne savez pas écrire.

It is unreadable. —You can't write.

Vous séparez mal les mots à la fin des lignes.

You badly separate the words at the end of the lines.

Il ne faut jamais couper une syllabe en deux. Il faut qu'une syllabe entière termine la ligne.

You must never cut a syllable in two. A whole syllable must end the line.

Tous les noms propres ont une lettre majuscule.

Every proper name has a capital letter.

Votre copie est assez bien écrite. Votre devoir est bien, quant à la forme du moins.

Your copy is pretty well written. Your task is good, with respect to the turn at least.

Vous avez oublié la moitié de ce mot.

You have forgotten the half of this word.

Vous ne mettez jamais la ponctuation.

You never put the stops.

Mettez donc les points sur les i.

But dot the Is.

A quoi sert l'accent circonflexe sur ce mot?

What is the use of a circumflex upon this word?

Oubliez-vous qu'un tel accent n'existe pas en anglais?

Do you forget that there is not in English such an accent?

Vous n'avez aucune idée de l'orthographe.

You have no idea of spelling.

Ce n'était pourtant pas difficile; vous n'aviez qu'à copier.

Yet, it was not difficult; you had but to copy.

A la bonne heure! Voilà qui est mieux écrit.

That's right! That's better written!

Pourquoi mettez-vous

Why do you put an hyun trait d'union entre « Very » et l'adjectif?

phen between « very » and the adjective?

Cela ne se fait qu'en français.

That happens but in French.

Vous ne formez pas bien les lettres.

You don't shape rightly the letters.

Votre écriture laisse fort à désirer.

Your writing is far from satisfactory.

Il faut mettre une virgule entre chaque proposition.

You must put a comma between each proposition.

DIALOGUE XIV.

Correction du devoir.

DIALOGUE XIV.

Correction of the task.

Nous allons corriger le devoir d'aujourd'hui.

We are going to correct the task for to-day.

Quel devoir avez-vous pour aujourd'hui?

What task have you for to-day?

Un thème avec l'analyse des verbes irréguliers.

An exercise with the parsing of the irregular verbs.

Corrigez vos fautes sur votre cahier de brouillon. — Montrez-moi votre brouillon.

Correct your mistakes on your waste-book — Show me your rough-copy.

Vous n'avez pas fait votre devoir sur cahier?

You have not done your task in your copy-book?

Je ne savais pas que ce fût nécessaire.

I did not know it was necessary.

Je n'ai pas fait ce thème-là ; j'ai fait le suivant.	I have not done that exercise ; I have done the next one.
Vous ne faites jamais ce que l'on vous dit.	You never do what you are told.
Votre analyse est incomplète ; il y avait huit verbes irréguliers dans le devoir, vous n'en avez mis que cinq.	Your parsing is unfinished ; there were eight irregular verbs in the task, you put but five of them.
Vous n'avez pas cherché vos verbes irréguliers. Vous les conjuguerez tout entiers en anglais et en français.	You have not looked for your irregular verbs. You shall decline them entirely in English and French.
Vous n'avez fait que la moitié de votre devoir. Vous en rapporterez le corrigé six fois.	You have done but the half of your task. You shall bring back the corrected copy six times.
Montrez-moi votre cahier de corrigés. — Vous n'avez pas mis ce devoir au net.	Show me your neat-book. — You have not made a fair copy of this task.
Je déchirerai vos cahiers quand ils seront mal tenus.	I will tear your copy-books to pieces when they are badly kept.
Lisez la première phrase de l'exercice.	Read the first sentence of the exercise.
Vous n'aurez pas à rapporter le corrigé des phrases qui seront sans faute.— Si votre devoir est sans faute, vous n'aurez pas à le	You shall not have to bring back the corrected copy of the sentences which will be without a mistake. — If your task be without

refaire.

a mistake; you shall not have to do it over again.

On rapportera le corrigé autant de fois qu'il s'y trouvera de fautes.

You shall bring back the corrected copy as many times as there will be mistakes in it.

Vous avez copié votre devoir sur celui de B.

You have copied out your task on B's.

Non, monsieur, nous l'avons seulement fait ensemble.

No, sir, we have only done it together.

Il n'est pas possible que vous ayez fait ce devoir tout seul.

It is impossible that you have done this task by yourself.

Je me suis fait aider un peu.

I have had a little assistance.

C'est-à-dire qu'un autre a fait votre devoir pour vous. Une autre fois vous serez sévèrement puni.

That is to say that some body else has done your task for you. Another time you shall be severely punished.

Vous ne travaillez pas assez vos devoirs. Vous n'êtes pourtant pas trop fort, et dans quelques mois vous avez un examen à passer. Il vous serait utile de savoir plus d'anglais.

You do not sufficiently attend to your tasks. Yet, you are not too clever, and in a few months you have to undergo an examination. It would be useful for you to know more English.

Je ne demande pas mieux.

I ask for nothing better.

Vous ne demandez pas mieux, mais vous ne

You ask for nothing better, but you don't do

faites pas ce qu'il faut pour cela.

Votre dernier thème était plein de fautes.

Vous vous croyez bien fort, mais, en travaillant ainsi, vous ne resterez pas le premier de la classe.

what you ought to do for that purpose.

Your last exercise was full of mistakes.

You think yourself very clever, but, by working in that way, you shall not stay at the head of the class.

DIALOGUE XV.

Même sujet.

DIALOGUE XV.

The same.

Continuez, monsieur B.

C'est un mauvais thème.

Répétez la même phrase en anglais.

Vous n'avez pas appliqué la règle. — C'est un devoir bâclé. — Vous n'y avez pas mis le temps qu'il fallait.

Je me suis appliqué. — J'ai mis deux heures à le faire.

Cette réponse m'étonne fort.

Lisez et traduisez la phrase suivante.

Vous avez fait une grosse faute dans cette phrase.

Go on, master B.

It is a bad exercise.

Repeat the same sentence in English.

You have not applied the rule. — It is a slovenly task. — You have not bestowed on it the time you ought to.

I have been steady. — I spent two hours over it.

I am quite amazed at this answer.

Read and translate the next sentence.

You have done a gross mistake in this sentence.

Quelle est cette faute?	What is that mistake?
C'est une faute de construction. Construisez cette phrase d'après la règle anglaise en conservant les mots français.	It is a mistake in the construction. Construe this sentence according to the English rule by keeping the French words.
Il y a de nombreuses fautes d'orthographe dans votre devoir.	You spell many words wrong in your task.
Ce sont fautes sur fautes.	There are mistakes upon mistakes.
Ce mot ne se traduit pas en anglais.	This word is not to be translated in English.
Ce n'est pas de l'anglais cela. — Ceci est un solécisme. — C'est même un barbarisme.	That is not English. — This is a solecism. — It is even a barbarism.
Vous lisez trop vite; l'élève qui est au tableau ne peut vous suivre.	You read too fast; the boy who is at the board can't keep with you.
Relisez le corrigé. Vous ne l'avez pas pris. Vous n'avez pas corrigé vos fautes.	Read over again the corrected copy. You have not copied it out. You have not corrected your mistakes.
Vous le referez dix fois, et faites en sorte que je n'y trouve pas de faute.	You shall do it over again ten times, and take care that there be no mistake.
Expliquons la version.	Let us explain the translation.
J'ai fait le thème au lieu de la version. J'ai cru	I have done the exercise instead of the transla-

que c'était le jour du thème.

Je n'ai pas pu la faire ; je n'en ai pas compris un seul mot.

Votre version est très-bonne. — Vous n'avez pas fait de faute dans cette version.

Vous avez bien compris le sens de cette phrase. — Vous aurez une bonne note.

La traduction laisse un peu à désirer. Elle est trop libre. Elle n'est pas assez littérale. Elle contient beaucoup de fautes. — Et quelles fautes ! Elle ne vaut rien. — Elle était pourtant bien facile. Relisez-la.

J'y compte plusieurs contre-sens.

Voici une mauvaise tournure. — Et puis quel français ! Commencez par apprendre le français.

Vous avez assez bien compris la version ; mais elle n'est pas rendue avec élégance.

tion. I thought it was the day for the exercise.

I could not do it ; I have not understood a single word.

Your translation is very good. — You have done no mistake in that translation.

You have rightly understood the meaning of that sentence. — You shall have a good mark.

The translation is in some degree unsatisfactory. It is too free. It is not literal enough. It contains many mistakes. — And what mistakes ! It is worth nothing at all. — It was however very easy. Read it over again.

I reckon in it several misconstructions.

Here is a bad construction.— And what bad French ! Begin by learning French.

You have pretty well understood the translation ; but it is not prettily expressed.

DIALOGUE XVI.

Même sujet.

Je vais vous donner le devoir pour la prochaine fois.

Vous traduirez douze lignes dans les morceaux choisis avec l'analyse des verbes irréguliers.

Vous ferez la fin du thème.

Vous ferez la moitié de l'exercice suivant. Préparons le commencement de l'exercice.

Cette fois-ci je vais vous donner une narration anglaise.

Vous développerez en anglais le plan que je vais vous dicter.

Vous raconterez par écrit et de mémoire l'anecdote que je vais vous lire.

Vous écrirez en anglais la lettre d'un fils à ses parents pour leur annoncer sa réception au baccalauréat ès lettres.

DIALOGUE XVI.

The same.

I am going to set the task for next time.

You shall translate twelve lines in the select collection with the parsing of the irregular verbs.

You shall do the end of the exercise.

You shall do the half of the following exercise. Let us prepare the beginning of the exercise.

For this time I am going to give you an English essay.

You shall work out in English the subject I am going to dictate to you.

You shall narrate in writing and by memory the tale I am going to read over to you.

You shall write in English a son's letter to his parents in order to make them know that he has taken his degree of bachelor of letters.

Vous raconterez succinctement le combat des Horaces avec les Curiaces.

You shall briefly narrate the fight of the Horatii with the Curiatii.

Vous analyserez en anglais la tragédie d'Athalie.

You shall give an english analysis of the tragedy of Athalia.

Vous ferez une dissertation sur les devoirs de l'homme envers lui-même.

You shall write a theme on the duties men owe to themselves.

Vous rédigerez brièvement en anglais la dernière leçon qui vous a été faite sur l'Angleterre par votre professeur d'histoire. Quel en était le sujet?

You shall briefly word in English the last lecture which your master of history has given you on England. What was the subject?

La guerre de Trente Ans.

The Thirty Years' war.

Vous la décrirez à grands traits.

You shall sketch it out broadly.

Vous raconterez les principaux faits du règne de Frédéric II : par quelles guerres il a agrandi la Prusse et de quelles provinces.

You shall narrate the great deeds in the reign of Frederick the Second : by what wars he has enlarged Prussia and with what provinces.

Décrivez la géographie du bassin du Rhin, dans quel pays et dans quelle chaîne de montagnes il prend sa source, quelle direction il suit dans son cours, quels affluents

Describe the geography of the valley of the Rhine, in what country and chain of mountains it takes its rise, in what direction it flows on its course, what tributaries flow

il reçoit et les villes importantes situées sur sa rive droite et sa rive gauche.

into it and the chief towns situated on its right and left banks.

DIALOGUE XVII.

La dictée.

Prenez vos cahiers.
Écrivez la dictée.

Écrivez sous la dictée.

Je vous donnerai une dictée pour vous exercer sur l'orthographe anglaise.
Je vais vous dicter quelques remarques grammaticales, que vous transcrirez dans votre cahier de notes anglaises.
Pourquoi n'écrivez-vous pas ?
Je n'ai pas de plume.
Vous n'avez jamais rien.
— Il vous manque toujours quelque chose.
— Qui peut prêter une plume à monsieur B.?
Je n'ai pas d'encre.

DIALOGUE XVII.

Dictation.

Take your copy-books.
Write down the dictation.

Write from the dictation.

I shall give you a dictation in order to accustom you to English spelling.
I am going to dictate some grammatical remarks to you, which you shall copy out in your English note-book.

Why don't you write ?

I have no pen.
You never have anything.
— You always want for something.
— Who can lend a pen to master B.?
I have no ink.

Je ne puis pas ouvrir mon encrier.	I can't open my inkstand.
Servez-vous de celui de l'élève D. Mettez votre encrier entre vous et votre voisin.	Make use of the pupil D's. Put your inkstand between you and your neighbour.
Mon cahier est fini.	My copy-book is finished.
Prêtez-lui une feuille de papier.	Lend him a sheet of paper.
Vous dictez trop vite, je ne peux pas suivre. Je n'entends pas.	You dictate too fast, I can't follow. I don't hear.
Effacez les deux dernières phrases que je viens de vous dicter; je me suis trompé; écrivez ceci.	Scratch out the two last sentences which I have just dictated to you; I have been mistaken; write this.
Voici les noms des signes de la ponctuation; je les dicterai toujours en anglais désormais.	Here are the names of the signs for punctuation; I will always dictate them in English henceforth.
Virgule. — Point et virgule. — Deux-points.	Comma. — Semi-colon. — Colon.
Point. — Point final.	Full stop. — Final stop.
Point d'interrogation.	Note of interrogation.
Point d'exclamation.	Note of exclamation.
Point de suspension.	Note of suspense.
Tiret. — Trait d'union.	Dash. — Hyphen.
Plusieurs points.	Several stops.
Entre parenthèse.	Between parenthesis.
Ouvrez la parenthèse.	Open the parenthesis.
Fermez la parenthèse.	Shut the parenthesis.
Guillemets.	Inverted commas.
En titre.	Head-line.

Souligner.	To underline.
A la ligne.	Fresh line.
Relisez la dictée.—Vous n'avez pas mis la ponctuation.	Read over again the dictation. — You have not put your stops.
Vous n'avez pas recopié votre dictée.	You have not copied out again your dictation.
Vous y avez laissé trop de fautes. Vous la copierez trois fois pour lundi.	You have too many mistakes left in. You shall copy it out three times for monday.

DIALOGUE XVIII.

L'explication.

DIALOGUE XVIII.

Explanation.

Prenez vos morceaux choisis.	Take your select collection.
Nous allons lire et expliquer un passage.	We are going to read and explain a piece.
Où en étions-nous restés la dernière fois ?	Where did we stop last time ?
A la page 58.	At page fifty-eight.
N., racontez-nous d'abord en anglais et succinctement ce que nous avons traduit la dernière fois.	N., tell us first in English and briefly what we have translated last time.
C'est bien. Je vois avec plaisir que vous avez bien écouté la dernière fois.	It is right. I feel a pleasure in seeing that you have well listened last time.

Aujourd'hui, nous expliquerons de la prose. — Commencez.	To-day, we shall explain some prose. — Begin.
Où faut-il commencer? Où en est-on?	Where must I begin? How far have we got?
Vous ne suivez donc pas? Pourquoi cela?	Why, you do not pay attention? Why so?
Je n'ai pas de livre. Il est chez le relieur. Il me l'a promis pour la semaine prochaine.	I have no book. It is at the book-binder's. He has promised it to me for next week.
Quand vous n'apporterez pas votre livre, vous aurez à faire le mot-à-mot de toute l'explication.	Whenever you will not bring your book, you shall have to do the word-for-word of the whole explanation.
La feuille est déchirée dans mon livre.	The leaf is torn in my book.
Suivez avec votre voisin.	Follow with your neighbour.
Quel livre avez-vous là? Vous lisez un journal.	What book have you there? You are reading a newspaper.
La phrase suivante, monsieur R.	The next sentence, master R.
Je ne puis traduire à livre ouvert.	I can't translate right off.
Vous auriez dû préparer cette page pour aujourd'hui.	You ought to have prepared this page for to-day.
Faites d'abord le mot-à-mot.	Do first the word-for-word.
Reprenez la même phrase en français. — Répétez-la sans re-	Take up again the same sentence in French. — Repeat it without loo-

garder dans le livre. / king into the book.

Lisez d'abord le texte avant d'expliquer. / Read first the text before explaining it.

Vous n'avez pas suivi. / You have not paid attention.

C'est que je suis si fatigué, monsieur. / I am so tired, sir.

Vous resterez vous reposer ici dimanche prochain. / You shall stay and rest here next sunday.

Merci, monsieur. / Thank you, sir.

Si vous continuez à être impertinent, je vous renverrai de la classe. / If you continue to be saucy, I will turn you away from the class.

Je ne sais pas la signification de ce mot. / I don't know the meaning of this word.

Il y a une note au bas de la page. / There is a note at the bottom of the page.

Votre traduction s'écarte trop du texte. / Your translation is too freely done.

Pour la prochaine fois vous aurez la moitié de la page suivante à préparer. / For next time you shall have to prepare the half of the following page.

DIALOGUE XIX.

DIALOGUE XIX.

Lecture et prononciation. **Reading and pronunciation.**

Vous lisez péniblement. C'est mal lu. Épelez ce mot. Encore une fois. / You scarcely read. It is badly read. Spell this word. Once more.

Vous lisez beaucoup trop bas, trop vite. — On ne vous comprend pas. — Parlez plus haut et plus clairement. Relisez.

You read rather too low, too fast. — You are not understood. — Speak louder and more plainly. Read over again.

Vous passez une ligne. Reprenez.

You leave out one line. Take it up.

Vous ne faites pas sentir l'aspiration ; en revanche vous aspirez lorsqu'il ne le faut pas.

You drop your h's ; in return you aspirate when you must not.

Vous n'avez pas bien accentué ce mot.

You have not laid a right stress on this word.

L'accent est sur la seconde syllabe.

The stress lays on the second syllable.

Vous ne prononcez pas très-bien.

You don't pronounce very well.

Votre prononciation est assez bonne.

Your pronunciation is pretty good.

Je trouve la prononciation anglaise très-difficile.

The English pronunciation looks very difficult, I should say.

Répétez les mots après moi quand je vous reprends, et ce sera facile.

Repeat the words after me when I correct you, and it will be easy.

DIALOGUE XX.

Le tableau.

Allez au tableau.
Ne demandez pas tous à

DIALOGUE XX.

The board.

Go to the board.
Don't ask all together,

la fois, chacun ira à son tour.

each one will go in his turn.

Nous allons faire quelques exercices oraux au tableau.

We are going to do some oral exercises on the board.

Prenez la craie et écrivez ce que je vais vous dire.

Take the chalk and write what I am going to tell you.

Il n'y a pas de craie.

There is no chalk.

Les morceaux de craie sont trop petits.

The pieces of chalk are too small.

Allez en chercher.

Go and fetch some.

Le garçon va en apporter.

The servant will bring some.

Faites vos lettres plus grandes.

Make your letters larger.

La craie est dure, elle ne marque pas.

The chalk is hard, it does not go.

Prenez donc l'éponge pour effacer. — Ne faites pas tant de poussière en essuyant.

Take then the spunge to wipe out. — Do not make such a dust in wiping out.

Je ne vois pas le tableau d'ici ; j'ai la vue faible.

I don't see the board from here ; I am short-sighted.

Approchez-vous du tableau. — Descendez de quelques bancs.

Come nearer to the board. — Come down a few forms.

Écrivez plus vite, vous faites perdre le temps.

Write faster, you idle away the time.

Vous écrivez tout de travers. — Ecrivez plus au bord du tableau ; vous n'aurez pas de place pour écrire la phrase.

You write all amiss. — . Write more to the edge of the board ; you will have no room to write the sentence.

Traduisez la phrase que vous venez d'écrire.
Par écrit?
Non, de vive voix.
Attendez un peu; n'effacez pas encore les dernières lignes.
Effacez maintenant.
Retournez à votre place. Ne montez pas sur les bancs.

Translate the sentence you have just written.
In writing?
No, vivâ voce.
Wait a little; do not yet wipe out the last lines.
Wipe out now.
Go back to your place. Don't step upon the forms.

DIALOGUE XXI.

La composition.

Vous composerez la semaine prochaine.
Il y a composition aujourd'hui.
Quand composerons-nous pour les prix?
Nous composons en thème.
Écrivez le texte de la composition. — Je relis. — Relisez le texte.

Je laisse le texte de la composition sur le bord de ma chaire

DIALOGUE XXI.

Composition.

You will compose next week.
There is composition to-day.
When shall we compose for prizes?
We compose in exercise.
Write down the subject of the composition. — I read over again. — Read over again the subject.

I leave the subject of the composition on the edge of my desk for

pour ceux qui auront besoin de le consulter.	those who will want to look over it.
Vous êtes en retard. Voici le texte ; hâtez-vous de le copier et rendez-le-moi ensuite. — Dépêchons - nous. Vous n'avez que juste le temps de faire votre composition.	You are late. Here is the subject ; make haste to copy it and give it back to me afterwards. — Let us make haste. You have but just the time for doing your composition..
J'ai oublié mon dictionnaire.	I have forgotten my dictionary.
Tant pis pour vous.	So much the worse for you.
Éloignez-vous un peu.	Move on a little.
Je ne copie pas ma composition.	I don't copy out my composion.
Je l'espère bien, mais vous pourriez voir involontairement ce qu'écrit votre camarade.	I hope so, but you might unwillingly see what your friend is writing.
Ne regardez pas dans le cahier de votre voisin. Vous seriez mis hors de composition.	Don't look on your neighbour's copy book. You might be turned out of the composition.
Vous n'avez plus que trois quarts d'heure.	You have no more than three quarters of an hour left.
Vous n'avez pas de temps à perdre. — Je n'attendrai pas une minute. — Je ramasserai les compositions à l'heure sonnante.	You have no time to lose. I will not wait a minute. — I will collect the compositions when the hour strikes.

Quand saurons-nous nos places?

Dans huit jours.

Je vais vous rendre compte de la composition. — Elle a été bien mal faite cette fois. — Le premier serait à peine dixième dans une bonne classe.

Pourquoi n'avez-vous pas composé?

Je n'ai rien compris.

Vous serez consigné.

Votre composition est incomplète.

Je n'ai pas eu le temps de la finir.

La vôtre était incorrigible.

Le classement de ces trois copies était embarrassant, parce qu'elles contiennent le même nombre de fautes.

Les deux dernières sont à peu près nulles.

La composition orale se fera à la classe qui suit la composition écrite.— Pour la composition orale vous repasserez les trois der-

When shall we know our places?

In a week's time.

I am going to give you an account of the composition. — It has been very badly done this time. — The first one would scarcely be the tenth in a good class.

Why have you not composed?

I have understood nothing.

You shall be kept in.

Your composition is unfinished.

I have had no time to finish it.

Yours could not be corrected.

The classification of these three copies was puzzling, because they contain the same number of mistakes.

The two last ones are almost of no worth.

The oral composition will take place in the class which follows the written composition. — For the oral composition you shall

niers morceaux appris.

Est-ce la composition finale? — La composition des prix?

Oui. Elle compte double.

Est-on obligé de composer?

Sans doute.

look over again the three last pieces you have learned.

Is it the last composition? —The composition for prizes?

Yes. It is double-reckoned.

Are we obliged to compose?

Of course.

DIALOGUE XXII.

Le cahier de correspondance.

Qui est-ce qui tient le cahier de correspondance? — Ce cahier de correspondance est fort mal tenu.

Pourquoi n'est-il pas signé aujourd'hui?

Avez-vous montré à votre maître la note que j'avais mise sur votre cahier de correspondance? — Il faut toujours inscrire sur le cahier de correspondance les devoirs et les leçons de chaque jour.

DIALOGUE XXII.

The correspondence-book.

Who keeps the correspondence - book? — This correspondence-book is badly kept.

Why is it not signed to-day?

Have you shown your master the mark I had put in your correspondence - book? — You must always write in the correspondence-book the tasks and lessons for each day.

Monsieur, veuillez, s'il vous plaît, inscrire sur le cahier de correspondance les livres dont nous aurons besoin.

Have the kindness, sir, if you please, to write in the correspondence-book the books we shall want.

Qui a effacé la note que j'avais mise sur le cahier de correspondance ?

Who has scratched out the mark I had put in the correspondence-book ?

Où est le cahier de correspondance ?

Where is the correspondence-book ?

L'élève qui le tient suit l'allemand et il l'a emporté avec lui.

The pupil who keeps it attends the German lessons and he has taken it with him.

Il en faut un aussi pour l'anglais. — Les pensionnaires et demi-pensionnaires auront un cahier de correspondance par étude.

You must have also one for the English class. — The boarders and day-boarders shall have one correspondence-book for each study-hall.

Les externes doivent aussi avoir un cahier de correspondance que les parents signeront.

The day-scholars must also have a correspondence-book which the parents will sign.

DIALOGUE XXIII.

Permission de sortir.

DIALOGUE XXIII.

Leave for going out.

Que demandez-vous ?

What do you ask for ?

Je voudrais sortir. — J'ai besoin de sortir un

I sould like to go out. — I want to go out for a

instant. — Permettez-moi de sortir, je vous prie.	while. — Pray, allow me to go out.
Monsieur, puis-je sortir?	Sir, may I go out?
Vous savez bien qu'on ne sort jamais dans la première heure de la classe.	You well know that you never go out during the first hour of the class.
Oui, monsieur, mais je suis un peu souffrant.	Yes, sir, but I am rather poorly.
Allez pour cette fois-ci, mais revenez bientôt.	Go for this time, but come back presently.
Je vous remercie.	Thank you.
Qu'avez-vous?	What is the matter with you?
Je saigne du nez.	My nose bleeds.
Je me trouve mal.	I faint.
Eh bien, allez prendre l'air un instant et revenez tout de suite.	Well! Go into the open air for a little while and come back directly.
La classe va finir dans quelques minutes.	The class will be up in a few minutes.
J'ai un billet du docteur, visé par monsieur le censeur.	I have a certificate from the doctor, with the censor's visa put to it.
Je ne puis permettre à tous les élèves de sortir; je l'ai permis à un élève exceptionnellement, ce n'est pas une raison pour que tous en abusent.	I can't allow all the pupils to go out; I allowed one pupil by way of exception, it is not a reason for all to take an unfair advantage of it.
Je voudrais aller à l'infirmerie.	I sould like to go to the sick-ward.

Je ne puis vous permettre d'aller à l'infirmerie; mais je vous permets d'aller trouver monsieur le censeur, qui vous y enverra, s'il le juge convenable.

I can't allow you to go to the sick-ward; but I give you leave to go to the censor, who will send you there, if he deems it proper.

Merci. Cela va mieux. — Je me sens mieux maintenant; je vous demande la permission de rester.

Thank you. I am better. — I feel better now; I beg you leave to stay.

DIALOGUE XXIV.

Discipline.

Vous vous tenez mal. — Vous avez une mauvaise tenue.

Tenez-vous comme il faut. — Tenez-vous bien. — Tenez-vous droit.

Regardez donc le tableau. — Ne tournez pas la tête. — Tournez-vous par ici.

Regardez devant vous.

Croisez les bras.

Vous regardez toujours en l'air. — Pourquoi regardez-vous sans cesse dans la cour?

DIALOGUE XXIV.

Behaviour.

You behave yourself badly. — You keep a bad behaviour.

Behave yourself properly. — Take good heed to yourself. — Sit upright.

But look at the board. — Don't turn over your head. —Turn this way.

Look right on.

Fold your arms.

You are always looking up. — Why are you always looking into the yard?

Suivez.	Pay attention.
Boutonnez votre gilet.	Button up your waistcoat.
Otez donc votre cachenez et votre manteau. — Chapeau bas! — C'est bien comme cela!	Why, take off your comforter and cloak. — Off with your hat! — That will do now!
Vous remuez sans cesse.	You always move.
Je cherche ma plume.	I am looking for my pen.
Vous ne la voyez donc pas à côté de vous, sur la table?	Why, you don't see it close to you, on the table?
Laissez donc votre encrier tranquille. — Le voilà par terre.	But leave your inkstand still. — There now, it has fallen down.
Restez tranquille. — Soyez attentif.	Keep quiet. — Be attentive.
Otez les mains de vos poches.	Take off your hands from your pockets.
Il fait froid, le poêle s'est éteint.	It is cold, the stove is out.
Mettez les mains sur la table. — Vous avez les mains malpropres. Que c'est laid!	Lay your hands on the table. — Your hands are dirty. How ugly it is!
Ne vous appuyez pas sur le coude. — Ne mettez pas les pieds sur le banc. — Levez la tête. Est-ce que vous dormez?	Don't lean on your elbow. — Don't lay your feet on the form. — Hold up your head. — Are you sleeping?
Ne mâchez pas votre plume. — Vous mangez du papier. — Ne jouez pas avec votre rè-	Don't chew your pen. — You eat paper. — Don't play with your ruler. — Take off

gle.— Otez la main de devant la bouche.

Aurez-vous bientôt fini de tailler votre crayon?

Qu'est-ce que tout ce papier que vous jetez par terre? — Ramassez-le. — Ne crachez pas par terre. — Ne remuez pas la table. — Ne dérangez donc pas votre voisin.—Ne riez pas. — Qu'avez-vous à rire ainsi?

Je ne ris pas.

Pourquoi vous cachez-vous la figure avec votre mouchoir?

Monsieur, il pleure.

Pourquoi pleurez-vous, mon enfant?

C'est que vous m'avez puni.

Eh bien, cessez vos pleurs, faites votre punition et tâchez de ne plus en mériter d'autre.

your hand from your mouth.

Will you soon have done sharpening your pencil?

What is all that paper you throw down? — Pick it up. — Don't spit on the ground. — Don't shake the table. — But don't disturb your neighbour. — Don't laugh. — What makes you laugh thus?

I don't laugh.

Why do you hide your face with your handkerchief?

Sir, he is weeping.

Why do you weep, my boy?

Becau se you have punished me.

Well! Cease to weep, undergo your punishment and try not to deserve any more.

DIALOGUE XXV.

Même sujet.

Vous êtes bien distrait. — Répétez ce que je viens de dire.

Vous ne le savez pas.

Vous n'avez pas suivi.

Vous n'écoutez pas.

Pardon, monsieur, j'écoute.

C'est donc que vous ne voulez pas répéter ce que j'ai dit. Est-ce de la mauvaise volonté ? Le cas n'est que plus grave.

Montrez-moi ce que vous faites.

Que faites-vous là ?

Vous dessinez ? Vous irez en retenue.

Que cachez-vous dans votre serviette ?

C'est un livre.

Apportez-moi ce livre. Vous vous occupez de choses étrangères à la classe.

Vous aurez une retenue de promenade.—Vous faites votre devoir en classe. — Je le dé-

DIALOGUE XXV.

The same.

You are very inattentive. — Repeat what I have just said.

You don't know it.

You have not paid attention.

You don't listen.

I beg your pardon, sir, I listen.

Then you will not repeat what I have said. Is it to show your unwillingness? It makes the case worse.

Show me what you are doing.

What are you doing there?

You are drawing? You shall be kept in.

What are you concealing in your portfolio?

It is a book.

Bring me that book. You busy yourself about things which do not refer to the class.

You shall be prevented from walking out. — You are doing your task in the class. — I

chire. — Vous allez avoir un pensum.

tear it in pieces. — You shall have an imposition.

Ne jouez donc pas avec votre canif.—Je crois vraiment que vous coupez la table.

But don't play with your penknife. — Indeed, I believe you are cutting the table.

Fermez ce canif et serrez-le. — Voilà plusieurs fois que je vous avertis. C'est la dernière fois que je vous avertis. Faites attention!

Shut this penknife and put it away. — I have been warning you several times. This is the last time I warn you. Mind you!

Qui parle? — Qui cause donc ainsi? Vous parlez sans cesse.

Who is speaking? — But who is thus talking? You are always speaking.

Ne bavardez pas. — Pas d'objection! — Taisez-vous. —Ne parlez pas sans être interrogé.

Don't chatter. — No objection! — Hold your tongue. — Don't speak without being asked.

Ce n'est pas vous que j'ai interrogé.

I didn't ask you.

Prenez-vous la classe pour une cour de récréation? Silence!

Do you think the class a play-ground? Silence!

Ne répondez pas tous à la fois. Vous pouvez demander à répondre en levant la main et sans faire de bruit.

Don't answer all together. You may ask to give the answer by lifting up your hand and without making any noise.

Qu'avez-vous à dire à votre voisin?

What have you to say to your neighbour?

Je lui ai demandé sa plume. — Il m'explique la leçon. — Nous parlons anglais ensemble.

I have asked him for his pen. — He explains the lesson to me. — We are speaking English together.

Adressez-vous à moi. Cela aura moins d'inconvénients pour vous, croyez-moi.

Speak to me. You will benefit more by it, believe me.

Qu'est-ce que ce bruit? Qui a fait ce bruit? Est-ce vous? Qu'est-ce qui tombe?

What is that noise? Who has made that noise? Is it you? What falls down?

C'est ma règle qui vient de tomber.

It is my ruler which has just fallen down.

Vous voulez dire sans doute que vous l'avez fait tomber.

You doubtless mean to say that you have made it fall.

Je ne l'ai pas fait exprès.

I have not done it on purpose.

Je l'espère bien. Il ne manquerait plus que cela. Ramassez-la.

I hope so. I would like to see it. Pick it up.

DIALOGUE XXVI.

Même sujet.

DIALOGUE XXVI.

The same.

Vous dérangez la classe par votre dissipation continuelle.—Ne vous mouchez pas si bruyamment. — Ne toussez pas ainsi.

You disturb the class by your continual distraction.—Don't blow your nose so noisily. Don't cough thus.

Je suis enrhumé.	I have caught a cold.
Avec un tel rhume, vous ne pouvez pas rester en classe. Il faut aller vous soigner.	With such a cold, you can't stay in class. You must go and be nursed.
Ne répliquez pas. Vous êtes impertinent.	Don't reply. You are a saucy fellow.
Votre conduite devient tout à fait mauvaise depuisquelque temps, mon enfant.	Your behaviour is getting quite bad these few days, my boy.
Vous causez du désordre. — Baissez le ton, s'il vous plaît. — Vous faites la mauvaise tête. Sortez!	You give rise to disturbance. — Lower your tone, if you please. — You grow stubborn. Go out!
Je vous marque un mauvais point. — Vous ferez deux heures de retenue. — Vous aurez une privation de sortie. — Vous aurez une demi-consigne.	I give you a bad mark. — You shall be kept in for two hours. — You shall be prevented from going out. — You shall have a half detention.
Vous murmurez?	You are grumbling?
De quoi vous plaignez-vous?	What do you complain of?
Je me plains d'être puni.	I complain of being punished.
Désirez-vous un billet pour aller vous plaindre auprès de monsieur le censeur?	Do you wish a pass to go and make a complaint to the censor?
Merci, monsieur, j'aime mieux rester.	Thank you, sir, I prefer staying.
Si vous continuez, je vous enverrai trouver mon-	If you go on, I will send you to the censor, who

sieur le censeur qui vous mettra aux arrêts. — Je suis las de vous donner des avertissements dont vous ne tenez aucun compte. — Votre conduite est très-légère.

will put you under arrest. — I am wearied with giving you warnings of which you take no notice. — You behave yourself with much levity.

Depuis ces derniers jours votre travail laisse à désirer. Vous ne faites plus rien. Vous êtes mou.

Your work is far from being satisfactory for these last few days. You do nothing now. You are without energy.

Vous aviez mieux commencé l'année. — Votre paresse est incorrigible.

You had begun the year better. — Your sloth is past recovery.

Ce trimestre-ci, je suis un peu plus content de votre travail.

For this quarter, I am rather more pleased with your work.

Je suis bien content de votre frère, mais je ne le suis pas assez de vous.

I am much pleased with your brother, but not enough with you.

Mon professeur de latin est très-content de moi.

My latin-master is much pleased with me.

Vous ne me donnez pas autant de satisfaction. Et pourquoi? Cela vous serait facile.

You don't give me so much satisfaction. Why so? That would be easy for you.

Je ne peux pas apprendre l'anglais. C'est trop difficile.

I can't learn English. It is too difficult.

Vous le trouvez difficile,

You find it difficult, be-

parce que vous êtes
paresseux. Vous tra-
vaillez mal. Vous ne
savez pas travailler.

cause you are idle.
You badly work. You
don't know how to
work.

Je fais ce que je peux.

I do what I can.

Vous savez bien le con-
traire. Vous n'êtes pas
appliqué et vous ne
faites pas de progrès,
voilà tout.

You know quite the con-
trary. You are not dili-
gent and you make no
improvement, that's
all.

Les notes que je vous
donnerai pour la con-
duite, l'application,
les devoirs, les leçons
et les progrès sont :

The marks I shall give
you for conduct, ap-
plication, tasks, les-
sons and improvement
are :

Très-bien. Bien.

Very well. Well.

Satisfaisant.

Satisfactory.

Assez bien. Passable.

Pretty well. Middling.

Insuffisant.

Insufficient.

Médiocre.

Poor.

Faible. Très-faible.

Weak. Very weak.

Mal. Très-mal.

Bad. Very bad.

Nul. Tout à fait nul.

Null. Quite null.

DIALOGUE XXVII.

Même sujet.

DIALOGUE XXVII.

The same.

Vous avez un pensum à
me remettre.

You have an imposition
to give me.

J'ai oublié...

I have forgotten....

Vous l'avez oublié ?

You have forgotten it?

J'ai oublié de le faire. Je
regrette...

I have forgotten to do it.
I am sorry....

On ne vient pas en classe

You must not come into

sans son pensum. Voilà quatre jours que vous ne l'apportez pas et que vous en recevez de nouveaux. Si vous les laissez s'accumuler ainsi, vous ne pourrez bientôt plus les faire. Je vais le doubler.

class without your imposition. You have not brought it for these last four days and you have had new ones set. If you let them increase thus, you shall soon be no more able to do them. I will double it.

Il est trop mal écrit pour que je puisse l'accepter.

It is too badly written for me to accept it.

Quels pensums me reste-t-il à faire ?

What impositions have I still to do ?

Vous avez cinquante lignes pour dissipation ; vingt-cinq pour avoir oublié votre livre, et deux pages pour leçons mal apprises.

You have fifty lines for distraction ; twenty-five for having forgotten your book, and two pages for lessons badly learned.

Voulez-vous accepter une exemption ?

Will you accept an exemption ?

Impossible ; vous ne pouvez payer votre punition. On n'achète jamais le droit à la paresse. J'accepterai une exemption, si demain vous me récitez votre leçon sans faute.

Impossible ; you can't pay off your punishment. One never buys the power to be idle. I shall accept an exemption, if to-morrow you repeat your lesson to me without mistake.

Monsieur, vous nous punissez... quelquefois, mais vous ne nous récompensez pas trop souvent.

Sir, you punish us... sometimes, but you don't reward us too often.

Quelles récompenses nous donnerez-vous , quand vous serez content de nous ?

Vous trouverez la première récompense en vous-mêmes, dans la conscience d'avoir fait votre devoir ; dans la satisfaction que vous en éprouverez.

La seconde sera l'approbation de vos parents, les éloges mérités qu'ils vous donneront quand ils apprendront par votre bulletin trimestriel que vos maîtres sont satisfaits de vous.

Ensuite vous aurez de bonnes notes et des bons points. Ceux-ci vous donneront droit à des exemptions qui serviront à annuler des zéros et des punitions.

Quand vos notes hebdomadaires seront très-bonnes, vous aurez des immunités avec lesquelles vous pourrez obtenir des sorties extraordinaires.

What rewards will you grant us, when you are pleased with us?

You will find the first reward within yourselves, by being conscious of having fulfilled your duty ; by the satisfaction you will feel in it.

The second one will be your parents' approbation, the deserved congratulations they will bestow on you when they learn from your quarterly report that your masters are pleased with you.

Afterwards you will have good notes and marks. These will give you a right to exemptions which will serve to cancel noughts and punishments.

When your weekly notes are very good, you will have privileges through which you may obtain unusual holidays.

DIALOGUE XXVIII.

Fin de la classe.

Puisqu'il nous reste un quart d'heure, nous allons l'employer à la leçon de conversation.

Maintenant que vous comprenez ce qui se dit en classe, il est bon que vous appreniez à exprimer en anglais tout ce qui concerne la vie de collége après la classe, et même tout ce qui vous arrive en dehors du collége.

On ne voit plus clair, je vais faire allumer le gaz.

Les externes sortiront les premiers.

Les internes resteront à leurs places jusqu'au second coup de tambour.

Pourquoi rangez-vous déjà vos livres? Attendez que l'heure sonne.

L'heure va sonner dans quelques minutes.

Oui, mais elle n'est pas encore sonnée.

DIALOGUE XXVIII.

End of the class.

Since we have a quarter of an hour left, we are going to spend it upon the conversation-lesson.

Now that you understand what is said in class, it is right you should learn to express in English all that relates to a college-life after the class, and even all that happens to you out of college.

It grows dark, I am going to have the gas lighted.

The day-scholars shall go out first.

The boarders shall keep their places till the second beat of the drum.

Why do you already range your books? Wait till the clock strikes.

The clock will strike in a few minutes.

Yes, but it has not yet struck.

Elle est sonnée, mais le tambour n'a pas encore battu. La cloche n'a pas encore sonné.

Serrez vos livres maintenant.

Ne sautez pas sur les bancs en sortant. Ne montez pas sur la table. — Faites le tour.

Sortez en ordre et sans bruit.

It has struck, but the drum has not yet been beaten. The bell has not yet been rung.

Put away your books now.

Don't jump over the forms when you walk out. Don't step upon the table. — Turn round.

Walk out orderly and quietly.

DEUXIÈME PARTIE

APRÈS LA CLASSE

AVIS.

Il existe en Suisse et en Angleterre des institutions où une journée par semaine est consacrée à chacune des deux langues étrangères qui y sont ordinairement enseignées. Pendant cette journée, il est interdit à tous les élèves de se servir de leur langue maternelle, à l'exception du temps consacré aux classes.

Cette mesure n'étant pas applicable à nos grands établissements d'enseignement secondaire, nous nous sommes efforcé d'arriver au même but, en remplaçant le jour d'anglais par une suite de dialogues comprenant tout ce qui se dit et se fait dans la vie de collége. Il y a bien des élèves qui ne seraient pas fâchés de s'exercer entre eux à la conversation et de s'entretenir dans la langue étrangère qu'on leur enseigne, de leurs travaux, de leurs projets, en un mot de tout ce qui les intéresse au lycée ou dans leur famille. Ces dialogues leur rendront possible ce genre d'exercice amusant et instructif tout à la fois.

Afin d'exercer l'élève à s'exprimer non-seulement sur des sujets purement classiques, mais encore sur tout ce qui se rattache à sa vie en dehors du lycée, on s'est appliqué, dans les dialogues de cette deuxième partie, à réunir les expressions les plus usuelles du langage familier, et on les a, en outre, fait précéder d'un vocabulaire des termes les plus nécessaires dans la conversation.

VOCABULAIRE

L'univers.

Dieu.
Créer.
Création.
Monde.
Nature.
Naturel.
Ciel.
Astre.
Soleil.
Le soleil se lève.
Le soleil se couche.
Le lever du soleil.
Le coucher du soleil.
Lumière.
Rayon.
Briller.
Clair. — Obscur.
Ténèbres.
Ombre.
Lune.
Pleine lune.
Premier quartier.
Dernier quartier.
Nouvelle lune.
Clair de lune.

The universe.

God.
To create.
Creation.
World.
Nature.
Natural.
Sky.
Star.
Sun.
The sun rises.
The sun sets.
Sunrise.
Sunset.
Light.
Beam.
To shine.
Bright. — Dark.
Darkness.
Shade.
Moon.
Full moon.
First quarter.
Last quarter.
New moon.
Moon-light.

Il fait clair de lune. — It is moon-light.
Planète. — Planet.
Comète. — Comet.
Queue. — Tail.
Étoile. — Star.
Elément. — Element
Terre. — Earth.
Eau. — Water.
Air. — Air.
Feu. — Fire.
Matière. — Matter.
Solide. — Solid.
Liquide. — Liquid.
Gaz. — Gas.
Climat. — Climate.
Nord. — North.
Sud. — South.
Ouest. — West.
Est. — East.

—————   —————

Le globe terrestre. — **The terrestrial orb.**

Continent. — Continent.
Contrée. — Country.
Désert. — Desert.
Sol. — Ground.
Forèt. — Forest.
Bois. — Wood.
Montagne. — Mountain.
Colline. — Hill.
Sommet. — Top.
Précipice. — Precipice.
Ravin. — Ravine.
Tremblement de terre. — Earthquake.

Volcan.	Volcano.
Vallée.	Valley.
Caverne.	Cave.
Plaine.	Plain.
Mer.	Sea.
Flot.	Wave.
Fleuve.	Stream.
Rivière.	River.
Ruisseau.	Brook.
Embouchure.	Mouth.
Rive.	Bank.
Rivage.	Shore.
Côte.	Coast.
Rocher.	Rock.
Pierre.	Stone.
Sable.	Sand.
Coquille.	Shell.
Golfe.	Gulf.
Port.	Port.
Ile.	Island.
Presqu'île.	Peninsula.
Ecueil.	Shoal.
Minéral.	Mineral.
Eau minérale.	Mineral water.
Végétal.	Vegetal.
Métal.	Metal.
Fer.	Iron.
Or.	Gold.
Argent.	Silver.
Cuivre.	Copper.
Acier.	Steel.
Ardoise.	Slate.
Chaux.	Lime.
Terre végétale.	Mould.

La plante.	**Plant.**
Planter.	To plant.
Pousser, croître.	To grow.
Arbre.	Tree.
Racine.	Root.
Tronc.	Trunk.
Tige.	Stem.
Branche.	Branch.
Rameau.	Bough.
Feuille.	Leaf.
Bouton.	Bud.
Fleur (de l'arbre).	Blossom.
Fleurir.	To blossom.
Écorce,	Bark.
Buisson.	Bush.
Arbre fruitier.	Fruit-tree.
Fruit.	Fruit.
Cueillir.	To gather.
Pommier.	Apple-tree.
Pomme.	Apple.
Poirier.	Pear-tree.
Poire.	Pear.
Cerisier.	Cherry-tree.
Cerise.	Cherry.
Noyer.	Walnut-tree.
Noix.	Walnut.
Noisette.	Nut.
Oranger.	Orange-tree.
Orange.	Orange.
Citron.	Lemon.
Amande.	Almond.
Groseille.	Currant.
Groseille verte.	Gooseberry.
Fraise.	Strawberry.

Framboise.	Raspberry.
Mûre.	Mulberry.
Vignoble.	Vineyard.
Vigne.	Vine.
Raisin.	Grapes.
Grappe.	Bunch.
Hêtre.	Beech.
Chêne.	Oak.
Gland.	Acorn.
Bouleau.	Birch-tree.
Tilleul.	Lime-tree.
Peuplier.	Poplar.
Laurier.	Laurel.
Sapin.	Fir-tree.
Pin.	Pine-tree.
Roseau.	Reed.
Saule.	Willow-tree.
Saule pleureur.	Weeping willow.
Cyprès.	Cypress.
Lierre.	Ivy.
Mousse.	Moss.
Herbe.	Grass.
Ortie.	Nettle.
Chardon.	Thistle.
Champignon.	Mushroom.
Citrouille.	Pumpkin.
Melon.	Melon.
Légume.	Vegetable.
Oignon.	Onion.
Haricot.	Bean.
Pois.	Pea.
Concombre.	Cucumber.
Pomme de terre.	Potato.
Chou.	Cabbage.
Chou-fleur.	Cauliflower.
Lentille.	Lentile.

Carotte.	Carrot.
Navet.	Turnip.
Asperges.	Asparagus.
Epinards.	Spinage.
Blé.	Corn.
Froment.	Wheat.
Epi.	Ear.
Orge.	Barley.
Avoine.	Oats.
Riz.	Rice.
Gruau.	Oatmeal.
Chanvre.	Hemp.
Houblon.	Hop.
Fleur.	Flower.
Rose.	Rose.
Œillet.	Pink.
Tulipe.	Tulip.
Pensée.	Pansy.
Bluet.	Corn-flower.
Muguet.	Lily of the valley.
Myosotis.	Forget-me-not.
Pavot.	Poppy.
Bouquet.	Nosegay.

l'animal.   **Animal.**

Peau.	Skin.
Queue.	Tail.
Poil.	Hair.
Bœuf.	Ox.
Vache.	Cow.
Veau.	Calf.
Mouton.	Sheep.
Brebis.	Ewe.

Agneau.	Lamb.
Chèvre.	She-goat.
Porc.	Swine.
Sanglier.	Wild-boar.
Ane.	Ass.
Cheval.	Horse.
Mulet.	Mule.
Sabot.	Hoof.
Chien.	Dog.
Chat.	Cat.
Rat.	Rat.
Souris.	Mouse.
Souricière.	Mouse-trap.
Renard.	Fox.
Ecureuil.	Squirrel.
Lapin.	Rabbit.
Lièvre.	Hare.
Cerf.	Stag.
Chevreuil.	Roe.
Loup.	Wolf.
Ours.	Bear.
Lion.	Lion.
Tigre.	Tiger.
Eléphant.	Elephant.
Chameau.	Camel.
Singe.	Monkey.
Renne.	Reindeer.
Castor.	Beaver.
Blaireau.	Badger.
Oiseau.	Bird.
Vol.	Flight.
Voler.	To fly.
Bec.	Mouth.
Aile.	Wing.
Plume.	Feather.
Œuf.	Egg.

Nid.	Nest.
Coq.	Cock.
Poule.	Hen.
Poulet.	Chicken.
Oie.	Goose.
Canard.	Duck.
Dindon.	Turkey.
Pigeon.	Pigeon.
Paon.	Peacock.
Cygne.	Swan
Cigogne.	Stork.
Hirondelle.	Swallow.
Rossignol.	Nightingale.
Corbeau.	Crow.
Coucou.	Cuckoo.
Alouette.	Lark.
Serin.	Canary bird.
Moineau.	Sparrow.
Pie.	Magpie.
Perdrix.	Partridge.
Bécasse.	Wood-cock.
Aigle.	Eagle.
Vautour.	Vulture.
Hibou.	Owl.
Perroquet.	Parrot.
Poisson.	Fish.
Arête.	Bone.
Nageoire.	Fin.
Ecaille.	Scale.
Nager.	To swim.
Brochet.	Pike.
Carpe.	Carp.
Hareng.	Herring.
Anguille.	Eel.
Saumon.	Salmon.
Tortue.	Tortoise, turtle.

Insecte.	Insect.
Ver.	Worm.
Escargot.	Snail.
Huître.	Oyster.
Ecrevisse.	Crawfish.
Homard.	Lobster.
Serpent.	Serpent.
Couleuvre.	Adder.
Crapaud.	Toad.
Grenouille.	Frog.
Hanneton.	Cockchafer.
Araignée.	Spider.
Fourmi.	Ant.
Abeille.	Bee.
Papillon.	Butterfly.
Chenille.	Caterpillar.

Division du temps. — Division of time.

Eternité.	Eternity.
Le présent.	The present.
Le passé.	The past.
L'avenir.	The future.
Avoir le temps.	To have time.
N'avoir pas de temps.	To have no time.
Siècle.	Century.
Année.	Year.
Année bissextile.	Leap-year.
Année scolaire.	School-year.
Saison.	Season.
Printemps.	Spring.
Été.	Summer.
Automne.	Autumn.
Hiver.	Winter.

Semestre.	Half-year.
Trimestre.	Quarter.
Mois.	Month.
Semaine.	Week.
Jour.	Day.
Matin.	Morning.
Matinée.	Forenoon.
Après-midi.	Afternoon.
Soir.	Evening.
Nuit.	Night.
Heure.	Hour.
Minute.	Minute.
Seconde.	Second.
Quelle heure est-il?	What o'clock is it?
Bonjour.	Good morning.
Bonsoir.	Good evening.
Hier.	Yesterday.
Avant-hier.	The day before yesterday.
Aujourd'hui.	To-day.
Demain.	To-morrow.
Après-demain.	The day after to-morrow.
Veille.	Eve.
Lendemain.	Next day.
Fête.	Feast.
Célébrer.	To celebrate.
Mardi gras.	Shrove-tuesday.
Jour de l'an.	New year's day.
Vendredi saint.	Good friday.
Pâques.	Easter.
Pentecôte.	Pentecost.
Noël.	Christmas.

Le temps (TEMPÉRATURE).	**The weather.**
Quel temps fait-il ?	How is the weather ?
Il fait beau.	It is fine weather.
Il fait mauvais.	It is bad weather.
Le froid.	The cold.
Froid. Chaud.	Cold. Warm.
La chaleur.	The heat.
J'ai chaud.	I am hot.
Nuage.	Cloud.
Sombre.	Dark.
Arc-en-ciel.	Rainbow.
Pluie.	Rain.
Pluvieux.	Rainy.
Il pleut.	It rains.
Goutte.	Drop.
Vent.	Wind.
Il fait du vent.	It is windy.
Brouillard.	Fog.
Brume.	Haze.
Poussière.	Dust.
Il fait de la poussière.	It is dusty.
Foudre.	Lightning.
Tonnerre.	Thunder.
Il tonne.	It thunders,
Eclair.	Lightning.
Il fait des éclairs.	It lightens.
Tempête.	Storm.
Le temps est à l'orage.	It threatens a storm.
Trombe.	Water-spout.
Courant d'air.	Draught.
Il y a un courant d'air.	There is a draught.
Neige.	Snow.
Il neige.	It snows.
Grêle.	Hail.

Il grêle.	It hails.
Gelée.	Frost.
Il gèle.	It freezes.
Dégel.	Thaw.
Il dégèle.	It thaws.
Glace.	Ice.
Patiner.	To skate.
Rosée.	Dew.
Sécheresse.	Drought.
Ombre.	Shade.
Température.	Temperature.
Degré.	Degree.

Le corps humain. — The human body.

L'homme.	Man.
Un homme.	A man.
La femme.	Woman.
Une femme.	A woman.
Tête.	Head.
Visage.	Face.
Front.	Forehead.
Œil.	Eye.
Oreille.	Ear.
Cheveu.	Hair.
Joue.	Cheek.
Nez.	Nose.
Barbe.	Beard.
Bouche.	Mouth.
Dent.	Tooth.
Langue.	Tongue.
Lèvre.	Lip.
Palais.	Palate.
Menton.	Chin.

Cou.	Neck.
Epaule.	Shoulder.
Bras.	Arm.
Coude.	Elbow.
Poing.	Fist.
Main.	Hand.
Doigt.	Finger.
Ongle.	Nail.
Poitrine.	Chest.
Estomac.	Stomach.
Ventre.	Belly.
Côte.	Rib.
Cuisse.	Thigh.
Genou.	Knee.
Jambe.	Leg.
Pied.	Foot.
Talon.	Heel.
Cerveau.	Brain.
Sang.	Blood.
Nerf.	Nerve.
Veine.	Vein.
Muscle.	Muscle.
Peau.	Skin.
Cœur.	Heart.
Foie.	Liver.
Poumon.	Lung.
Os.	Bone.

L'Âme. — **The soul.**

Esprit.	Mind.
Intelligence.	Intellect.
Pensée.	Thought.
Raison.	Reason.

Volonté.	Will.
Sens.	Sense.
Sentiment.	Sentiment.
Sensation.	Sensation.
Vue.	Sight.
Voir.	To see.
Ouïe.	Hearing.
Entendre.	To hear.
Odorat.	Smell.
Sentir.	To smell.
Le toucher.	The touch.
Toucher.	To touch.
Goût.	Taste.
Vertu.	Virtue.
Vice.	Vice.
Amour.	Love.
Bonté.	Goodness.
Haine.	Hate.
Espérance.	Hope.
Vérité.	Truth.
Mensonge.	Lie.
Courage.	Courage.
Foi.	Faith.
Doute.	Doubt.
Estime.	Esteem.
Mépris.	Contempt.
Joie.	Joy.
Tristesse.	Sadness.
Liberté.	Liberty.
Vanité.	Vanity.
Vengeance.	Revenge.
Zèle.	Zeal.
Politesse.	Politeness.
Ambition.	Ambition.
Avarice.	Avarice.
Confiance.	Trust.

Chagrin.	Grief.
Pitié.	Pity.
Désir.	Wish.
Caractère.	Character.

La vie. — Life.

Naître.	To be born.
Venir au monde.	To be brought into the world.
Grandir.	To grow.
Se nourrir.	To feed.
Parler.	To speak.
Bavarder.	To talk
Pleurer.	To weep.
Larmes.	Tears.
Rire.	To laugh.
Crier.	To cry.
Souffrir.	To suffer.
Souffrance.	Pain.
Travailler	To work.
Jouer.	To play.
Dormir.	To sleep.
Marcher.	To walk.
Courir.	To run.
Tomber.	To fall.
Chute.	Fall.
Sauter.	To jump.
Lire.	To read.
Écrire.	To write.
Gagner.	To get.
Perdre.	To lose.
Age.	Age.
Agé, âgée.	Old.

Quel âge as-tu ?	How old are you ?
J'ai dix ans.	I am ten years old.
Enfance.	Childhood.
Un enfant, une enfant.	Child.
Adolescent.	Adolescent.
Jeunesse.	Youth.
Jeune.	Young.
Jeune homme.	Young man.
Jéune fille.	Young girl.
Les jeunes gens.	Young people.
Age viril.	Manhood.
Pauvreté.	Poverty.
Pauvre.	Poor.
Mendiant.	Beggar.
Mendier.	To beg.
Richesse.	Wealth.
Riche.	Wealthy.
S'enrichir.	To grow rich.
Rentier.	A man of independent means.
Rentes.	Income.
Maladie.	Illness.
Malade.	Ill.
Tomber malade.	To be taken ill.
Santé.	Health.
Être bien portant.	To be well.
Blessure.	Hurt.
Se blesser.	To hurt one's self.
Bonheur.	Happiness.
Malheur.	Unhappiness.
Heureux.	Happy.
Malheureux.	Unhappy.
Misère.	Misery.
Géant.	Giant.
Nain.	Dwarf.
Grand.	Tall.

Petit.	Little.
Gros, gras.	Stout, fat.
Grosseur.	Stoutness.
Court.	Short.
Maigre.	Lean.
Maigreur.	Leanness.
Boîter.	To limp.
Bossu.	Hump-backed.
Estropié.	Lame.
Vieillesse.	Old age.
Vieux, vieille.	Old.
Vieillard.	Old man.
Vieille femme.	Old woman.
Goutte.	Gout.
Douleur.	Pain.
Béquille.	Crutch.
Testament.	Last will.
La mort.	Death.
Le mort.	The dead man.
Mourir.	To die.
Ensevelir.	To bury.
Cimetière.	Cemetery.
Cadavre.	Corpse.
Enterrement.	Burial.
Convoi funèbre.	Funeral.
Corbillard.	Hearse.
Fosse.	Grave.
Fossoyeur.	Grave-digger.
Tombeau.	Tomb.
Épitaphe.	Epitaph.
Souvenir.	Remembrance.

La famille.	**The family.**
Parent, parente.	Relation.
Un parent.	A relation.
Parenté.	Relationship.
Parents.	Relations.
Bisaïeul.	Great grand-father.
Bisaïeule.	Great grand-mother.
Grand-père.	Grand-father.
Grand'mère.	Grand-mother.
Époux.	Husband.
Épouse.	Wife.
Épouser.	To wed.
Se marier.	To marry.
Mariage.	Marriage.
Fiancé.	Affianced husband.
Fiancée.	Affianced bride.
Fiançailles.	Betrothal.
Dot.	Dowry.
Noce.	Wedding.
Père.	Father.
Mère.	Mother.
Beau-père.	Father-in-law.
Belle-mère.	Mother-in-law.
Enfant.	Child.
Petit garçon.	Little boy.
Petite fille.	Little girl.
Frère.	Brother.
Sœur.	Sister.
Demoiselle.	Young lady.
Fils.	Son.
Fille.	Daughter.
Beau-fils.	Son-in-law.
Belle-fille.	Daughter-in-law.
Beau-frère.	Brother-in-law.

Belle-sœur.	Sister-in-law.
Oncle.	Uncle.
Tante.	Aunt.
Neveu.	Nephew.
Nièce.	Niece.
Cousin, cousine.	Cousin.
Cousin germain.	Cousin german.
Orphelin.	Orphan.
Tuteur, pupille.	Guardian, ward.
Veuf.	Widower.
Veuve.	Widow.
Hériter.	To inherit.
Héritier, héritière.	Heir, heiress.
Héritage.	Inheritance.

———

Le pays. **The country.**

Patrie.	Native country.
Situation.	Situation.
Compatriote.	Countryman.
Frontière.	Frontier.
Province.	Province.
Gouverner.	To govern.
Gouvernement.	Government.
République.	Republic.
Monarchie.	Monarchy.
Empire.	Empire.
Royaume.	Kingdom.
Règne.	Reign.
Empereur.	Emperor.
Roi.	King.
Administration.	Administration.
Armée.	Army.
Marine.	Navy.
Guerre.	War.

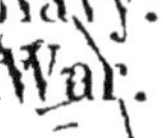

Douane.	Custom-house.
Chemin de fer.	Railway.
Voyage.	Travelling.
Voyager.	To travel.
Poste.	Post.
Navire.	Ship.
Lettre.	Letter.
Campagne.	Country.
Champ.	Field.
Prairie.	Meadow.
Jardin.	Garden.
Chasse.	Hunting.
Pêche.	Fishing.
Village.	Village.
Haie.	Hedge.
Fossé.	Ditch.
Ferme.	Farm.
Écurie.	Stable.
Grange.	Barn.
Puits.	Well.
Route.	Road.
Chemin.	Way.
Blé.	Corn.
Moulin.	Mill.
Récolte.	Crop.
Récolter.	To reap.
Être à la campagne.	To be in the country.
Aller à la campagne.	To go to the country.

La ville.	**The town.**
Capitale.	Metropolis.
Faubourg.	Suburbs.
Rempart.	Rampart.
Forteresse.	Fortress.

Porte.	Door.
Octroi.	Toll.
Quartier.	Quarter.
Rue.	Street.
Place.	Square.
Boulevard.	Boulevard.
Pavé.	Pavement.
Trottoir.	Foot-pavement.
Édifice.	Building.
Maison.	House.
Boutique.	Shop.
Commerce.	Trade.
Acheter.	To buy.
Vendre.	To sell.
Fiacre.	Hackney-coach.
Fontaine.	Fountain.
Pompe à feu.	Fire-engine.
Police.	Police.
Incendie.	Fire.
Brûler.	To burn.
Hôtel de ville.	Town-hall.
Église.	Church.
École.	School.
Hôpital.	Hospital.
Théâtre.	Theatre.
Scène.	Stage.
Marché.	Market.
Palais.	Palace.
Hôtel.	Hotel.
Restaurant.	Eating-house.
Banque.	Bank.
Cabaret.	Tavern.
Café.	Coffee-house.
Cabinet de lecture.	Circulating-library.
La monnaie.	The mint.
Université.	University.

Journal.	Newspaper.
Couvent.	Convent.
Pont.	Bridge.
Quai.	Quay.
Gaz.	Gas.
Réverbère.	Lamp-post.

La maison.	**House.**
Mur.	Wall.
Allée.	Alley.
Toit.	Roof.
Girouette.	Weather-cock.
Gouttière.	Gutter.
Paratonnerre.	Lightning-rod.
Porte cochère.	Gate.
Poutre.	Rafter.
Escalier.	Staircase.
Marche.	Step.
Palier.	Landing-place.
Descendre.	To go down.
Monter.	To go up.
Étage.	Story.
Rez-de-chaussée.	Ground-floor.
Entresol.	Entresol.
Premier étage.	First floor.
Mansarde.	Attic.
Lucarne.	Dormer-window.
Grenier.	Garret.
Cave.	Cellar.
Cour.	Yard.
Appartement.	Apartments.
Chambre.	Room.
Plafond.	Ceiling.

Plancher.	Floor.
Chambre à coucher.	Bed-room.
Salon.	Drawing-room.
Salle à manger.	Dining-room.
Cuisine.	Kitchen.
Cabinet.	Closet.
Balcon.	Balcony.
Fenêtre.	Window.
Rideau.	Curtain.
Porte.	Door.
Serrure.	Lock.
Clef.	Key.
Miroir.	Looking-glass.
Le poêle.	The stove.
Cheminée.	Chimney.
Éclairage.	Lighting.
Chauffage.	Fuel.
Bois.	Wood.
Charbon.	Coal.
Lampe.	Lamp.
Abat-jour.	Shade.

Les meubles.	**Furniture.**
Lit.	Bed.
Bois de lit.	Bedstead.
Drap de lit.	Sheet.
Matelas.	Mattress.
Couverture.	Blanket.
Édredon.	Eider-down.
Oreiller.	Pillow.
Armoire.	Clothes-press.
Miroir.	Looking-glass.
Commode.	Chest of drawers.

Tiroir.	Drawer.
Bureau.	Desk.
Secrétaire.	Scrutoire.
Table.	Table.
Toile cirée.	Oil-cloth.
Cuvette.	Basin.
Pot à eau.	Jug.
Canapé.	Sopha.
Coussin.	Cushion.
Fauteuil.	Arm-chair.
Chaise.	Chair.
Banc.	Bench.
Pendule.	Clock.
Aiguille.	Hand.
Ressort.	Spring.
Candélabre.	Chandelier.
Piano.	Piano.
Tableau.	Picture.
Cadre.	Frame.
Buffet.	Sideboard.
Bibliothèque.	Library.
Pupitre.	Desk.
Tapis.	Carpet.
Balai.	Broom.
Balayer.	To sweep.
Vaisselle.	Plate.
Chaudron.	Caldron.
Casserole.	Saucepan.
Trépied.	Trivet.
La poêle.	Frying-pan.
Broche.	Spit.
Le couvert.	The cloth.
Mettre le couvert.	To lay the cloth.
Assiette.	Plate.
Plat.	Dish.
Soupière.	Soup-tureen.

Fourchette.	Fork.
Couteau.	Knife.
Couteau à découper.	Carving-knife.
Couper.	To carve.
Cuiller.	Spoon.
Serviette.	Napkin.
Anneau.	Ring.
Nappe.	Table-cloth.
Verre.	Glass.
Sonnette.	Bell.
Sonner.	To ring.
Bouteille.	Bottle.
Carafe.	Decanter.
Tasse.	Cup.
Soucoupe.	Saucer.
Pot.	Pot.
Pot au lait.	Milk-pot.
Couvercle.	Cover.
Anse.	Handle.
Entonnoir.	Funnel.
Bouchon.	Cork.
Tire-bouchon.	Corkscrew.
Boucher.	To cork.
Déboucher.	To uncork.
Théière.	Tea-pot.
Cafetière.	Coffee-pot.
Plateau.	Tray.
Pelle.	Shovel.
Pincettes.	Tongs.
Seau.	Pail.
Boîte.	Box.
Tisonnier.	Poker.
Huilier.	Cruet-stand.
Moutardier.	Mustard-pot.
Salière.	Salt-cellar.
Poivrière.	Pepper-caster.

Truelle.	Fish-knife.
Beurrier.	Butter-dish.
Cruche.	Pitcher.
Moulin.	Mill.
Moudre.	To grind.
Laver.	To wash.
Essuyer.	To wipe.
Coffre.	Chest.
Cadenas.	Padlock.

La nourriture.   **Food.**

Cuire.	To cook.
Manger.	To eat.
Boire.	To drink.
Repas.	Meal.
Déjeuner.	To breakfast.
Le déjeuner.	The breakfast.
Diner.	To dine.
Le diner.	The dinner.
Goûter.	To lunch.
Le goûter.	The lunch.
Souper.	To sup.
Le souper.	The supper.
Pain.	Bread.
Petit pain.	Roll.
Soupe.	Soup.
Riz.	Rice.
Semoule.	Semolina.
Macaroni.	Macaroni.
Viande.	Meat.
Le bouilli.	Boiled-beef.
Faire bouillir.	To boil.
Le rôti.	The roast.

Rôtir, frire.	To roast, to fry.
Griller.	To broil.
Gigot.	Leg of mutton.
Filet.	Fillet.
Jambon.	Ham.
Rognon.	Kidney.
Côtelette.	Chop.
Bifteck.	Beefsteak.
Lard.	Bacon.
Saucisse.	Sausage.
Boudin.	Pudding.
Volaille.	Fowl.
Poulet.	Chicken.
Canard.	Duck.
Oie.	Goose.
Gibier.	Game.
Lièvre.	Hare.
Perdrix.	Partridge.
Légume.	Vegetable.
Chou.	Cabbage.
Chou-fleur.	Cauliflower.
Concombre.	Cucumber.
Truffe.	Truffle.
Pomme de terre.	Potato.
Oignon.	Onion.
Ail.	Garlic.
Carotte.	Carrot.
Navet.	Turnip.
Petits pois.	Green-peas.
Oseille.	Sorrel.
Sauce.	Sauce.
Sel.	Salt.
Poivre.	Pepper.
Moutarde.	Mustard.
Huile.	Oil.
Vinaigre.	Vinegar.

Sucre.	Sugar.
Cannelle.	Cinnamon.
Salade.	Salad.
Œuf.	Egg.
Omelette.	Omelet.
Œuf mollet.	Boiled egg.
Œuf dur.	Hard egg.
Œufs brouillés.	Buttered eggs.
Crème.	Cream.
Beurre.	Butter.
Graisse.	Grease.
Pâté.	Pie.
Fromage.	Cheese.
Dessert.	Dessert.
Gâteau.	Cake.
Confiture.	Jam.
Compote.	Stewed fruit.
Fraise.	Strawberry.
Framboise.	Rapsberry.
Crêpe.	Pancake.
Beignet.	Fritter.
Boisson.	Drink.
Eau.	Water.
Lait.	Milk.
Vin.	Wine.
Vin rouge.	Red wine.
Vin blanc.	White wine,
Madère.	Madeira wine.
Bordeaux.	Claret.
Vin de France.	French wine.
Vin de Bourgogne.	Burgundy.
Rhum.	Rum.
Café.	Coffee.
Thé.	Tea.
Eau-de-vie.	Brandy.
Champagne.	Champagne.

Kirsch. — Kirsch-wasser.
Cidre. — Cider.
Liqueur. — Liquor.
Absinthe. — Bitters.

L'habillement. — **Clothing.**

Habiller. — To dress.
Déshabiller. — To undress.
Mettre. — To put on.
Oter. — To take off.
Chemise. — Shirt.
Manchettes. — Ruffles.
Camisole. — Morning jacket.
Bas. — Stockings.
Tricoter. — To knit.
Chaussettes. — Socks.
Caleçon. — Drawers.
Pantalon. — Trowsers.
Bretelles. — Braces.
Col. — Collar.
Cravate. — Neckcloth, Necktie.
Nœud. — Knot.
Nouer. — To knot.
Gilet. — Waistcoat.
Habit. — Coat.
Pardessus. — Great coat.
Manteau. — Cloak.
Manche. — Sleeve.
Doublure. — Lining.
Poche. — Pocket.
Fourrure. — Fur.
Bouton. — Button.
Boutonnière. — Button-hole.

Boutonner.	To button.
Déboutonner.	To unbutton.
Robe de chambre.	Morning gown.
Botte.	Boot.
Guêtre.	Gaiter.
Soulier.	Shoe.
Talon.	Heel.
Semelle.	Sole.
Cordon.	String.
Cuir.	Leather.
Pantoufle.	Slipper.
Chapeau.	Hat.
Casquette.	Cap.
Gant.	Glove.
Montre.	Watch.
Lunettes.	Spectacles.
Bourse.	Purse.
Porte-monnaie.	Flat-purse.
Argent.	Money.
Canne.	Stick.
Parapluie.	Umbrella.
Pipe.	Pipe.
Fumer.	To smoke.
Tabatière.	Snuff-box.
Priser.	To take snuff.
Robe.	Gown.
Taille.	Waist.
Jupe.	Skirt.
Jupon.	Petticoat.
Corset.	Stays.
Châle.	Shawl.
Fichu.	Kerchief.
Broder.	To embroider.
Tablier.	Apron.
Bottine.	Half-boot.
Chapeau de paille.	Straw-hat.

Ruban.	Ribbon.
Bonnet.	Cap.
Voile.	Veil.
Manchon.	Muff.
Ombrelle.	Parasol.
Bague.	Ring.
Coiffure.	Head-dress.
Boucle de cheveux.	Curl.
Aiguille.	Needle.
Coudre.	To sew.
Epingle.	Pin.
Broche.	Brooch.
Boucle d'oreille.	Ear-ring.
Bracelet.	Bracelet.
Éventail.	Fan.
Linge.	Linen.
Mouchoir.	Handkerchief.
Foulard.	Silk-handkerchie .
Peigne.	Comb.
Jarretière.	Garter.
Portefeuille.	Pocket-book.
Carnet.	Note-book.
Brosse.	Brush.
Velours.	Velvet.
Drap.	Cloth.
Soie.	Silk.
Laine.	Wool.
Coton.	Cotton.
Toile.	Linen.

La profession. **Calling.**

Fonction.	Function.
Travail.	Work.

Travailler.	To work.
Métier.	Craft.
Ecclésiastique.	Clergyman.
Prêtre.	Priest.
Curé.	Vicar.
Savant.	Scholar.
Médecin.	Physician.
Juge.	Judge.
Avocat.	Barrister.
Officier.	Officer.
Soldat.	Soldier.
Matelot.	Sailor.
Artiste.	Artist.
Musicien.	Musician.
Peintre.	Painter.
Sculpteur.	Sculptor.
Acteur.	Actor.
Jardinier.	Gardener.
Paysan.	Peasant.
Fermier.	Farmer.
Marchand.	Tradesman.
Marchande.	Tradeswoman.
Fabricant.	Manufacturer.
Maître.	Master.
Ouvrier.	Workman.
Ouvrière.	Workwoman.
Apprenti.	Apprentice.
Atelier.	Workshop.
Outil.	Tool.
Maçon.	Mason.
Bâtir.	To build.
Ramoneur.	Chimney-sweeper.
Ramoner.	To sweep.
Vitrier.	Gladzier.
Menuisier.	Joiner.
Charpentier.	Carpenter.

Tourneur.	Turner.
Tourner.	To turn.
Charron.	Wheelwright.
Tonnelier.	Cooper.
Brasseur.	Brewer.
Boulanger.	Baker.
Pâtissier.	Pastry-cook.
Boucher.	Butcher.
Cafetier.	Coffee-house keeper.
Restaurateur.	Eating-house keeper.
Epicier.	Grocer.
Charbonnier.	Charcoal-dealer.
Cordonnier.	Shoe-maker.
Tailleur.	Tailor.
Mercier.	Haberdasher.
Tapissier.	Upholsterer.
Chapelier.	Hatter.
Gantier.	Glover.
Coiffeur.	Hair-dresser.
Barbier.	Barber.
Coutelier.	Cutler.
Ferblantier.	Tin-smith.
Serrurier.	Locksmith.
Forgeron.	Blacksmith.
Enclume.	Anvil.
Marteau.	Hammer.
Tenailles.	Pincers.
Clou.	Nail.
Vis.	Screw.
Chaudronnier.	Coppersmith.
Sellier.	Saddler.
Cordier.	Rope-maker.
Tisserand.	Weaver.
Tisser.	To weave.
Teinturier.	Dyer.
Teindre.	To dye.

Blanchisseuse.	Washerwoman.
Linge.	Linen.
Meunier.	Miller.
Corroyeur.	Currier.
Imprimeur.	Printer.
Imprimer.	To print.
Libraire.	Bookseller.
Relieur.	Binder.
Relier.	To bind.
Bijoutier.	Jeweller.
Horloger.	Watch-maker.
Doreur.	Gilder.
Dorer.	To gild.
Cocher.	Coachman.
Chasseur.	Hunter.
Chasser.	To hunt.
Pêcheur.	Fisher.
Pêcher.	To fish.

DIALOGUES

DE LA DEUXIÈME PARTIE

DIALOGUE I.

Le lever.

A quelle heure se lève-
t-on dans ce collége?

Cela dépend. L'été, on
se lève à 5 heures,
quelquefois plus tôt,
quand on va au bain
avant l'étude. L'hiver,
on ne se lève qu'à
six heures, et cela
semble déjà bien dur.

Comment réveille-t-on
les élèves? Se sert-on
de la cloche ou du
tambour?

Cela dépend des établis-
sements.

Voici le maître d'étude
qui fait sa tournée au
dortoir.

DIALOGUE I.

Getting up.

At what o'clock do you
get up in this school?

It all depends. In sum-
mer, we get up at five
o'clock, sometimes
sooner, when we go to
bathe before study-
time. In winter, we
get up only at six
o'clock, and that
seems already very
hard.

How are the pupils cal-
led up? Do they make
use of bell or drum?

That depends upon in-
stitutions.

Here is the usher making
his round in the dor-
mitory.

Allons, messieurs, vite, hors du lit. L'heure est passée depuis longtemps. Qu'attendez-vous pour vous lever? Faudra-t-il commencer la journée par des punitions? Levez-vous.

Well, boys, quick, out of bed. The time is over long since. What are you waiting for to get up? Must we begin the day by punishments? Get up.

Dépêchez-vous, regagnez le temps perdu, que je vous trouve tout à l'heure habillés et prêts à partir avec les autres.

Be quick, make up for lost time, let me find you presently dressed and ready to go out with the others.

Ramassez ces draps et ces oreillers que vous avez jetés à terre, et ne marchez pas dessus.

Pick up those sheets and pillows you have thrown on the ground, and don't tread on them.

Ah! monsieur, qu'il fait froid ce matin! Qu'il ferait bon rester encore une demi-heure au lit!

Ah! Sir, how cold it is this morning! How pleasant it would be to stay in bed for half an hour more!

Vous savez bien qu'on ne vous le permettra pas. Habillez-vous lestement, cela vous réchauffera.

You know well that you will never be allowed to do so. Dress yourself quickly, that will make you warm again.

J'ai perdu une de mes chaussettes.

I have lost one of my socks.

Cherchez bien, elle ne saurait être loin.

Look for it, it cannot be far.

Mon pantalon est déchiré, je ne puis le mettre aujourd'hui.

My trowsers are torn, I can't put them on to-day.

Mettez-en un autre pour ce matin. La lingère raccommodera celui-ci.

Put on another pair for this morning. The sempstress will mend this one.

Bon! voilà un bouton de ma chemise qui vient de sauter.

Well! there is a button of my shirt which has just gone off.

N'avez-vous pas dans votre case du fil et une aiguille? Recousez-le promptement. Il ne vaut pas la peine de courir à la lingerie pour si peu.

Have you not in your box some thread and a needle? Sew it up quickly. It is no use running to the sempstress for so little.

DIALOGUE II.

Même sujet.

DIALOGUE II.

The same.

Est-ce qu'on se débarbouillera tout l'hiver à l'eau froide?

Shall we wash ourselves for the whole winter with cold water?

Assurément. Trouvez-vous à redire à cela, par hasard? Attendez d'avoir de la barbe à raser pour avoir une savonnette et de l'eau chaude. Avez-vous une brosse à dents et une brosse à ongles?

To be sure. Indeed, have you anything to say against it? Wait till you get beard to be shaved for having a wash-ball and warm water. Have you a tooth-brush and a nail-brush?

Pas encore, mais j'en demanderai demain à mon correspondant.

Not yet, but I shall to-morrow ask my correspondent for them.

Est-ce ainsi que vous vous

Is this the way you comb

peignez? Je vous félicite. Joli fouillis que vos cheveux !	your hair? I give you credit for it. Nice is the mess in which your hair is!
Et vous, vous croyez vous être lavé les mains? Où est votre cuvette? Où est votre savon? Vous n'y avez pas touché.	And you, you believe you have washèd your hands? Where is your basin? Where is your soap ? You haven 't touched it.
Pardon, monsieur, mais j'ai des crevasses qui m'empêchent de me laver convenablement.	I beg your pardon, Sir, but I have some chaps which prevent me from washing myself properly.
Voici votre essuie-main. Accrochez-le à sa place.	Here is your towel. Hang it up in its place.
Avez-vous de la pommade?	Have you got any pomatum?
Non, j'en déteste l'odeur, et mes cheveux tiennent bien sans cela.	No, I hate the smell of it, and my hair lies smooth without it.
Vos souliers sont bien sales. N'en avez-vous pas d'autres?	Your shoes are very dirty. Have you not others?
Pardon. Les voici sous mon lit. Ceux-ci sont propres.	Excuse me. Here they are under my bed. These are clean.
Henri, prête-moi ton chausse-pied, mes souliers ne veulent pas entrer.	Henry, lend me your shoe-horn, my shoes won 't fit.
Le voilà; tu le remettras dans mon tiroir.	Here you are; you will put it back into my drawer.

Donnez-vous un coup de brosse; votre tunique est couverte de poussière. Et le képi? Vous l'oubliez? Tenez, coiffez-vous et mettez-vous en rang.

Nous sommes prêts, nous sommes à vos ordres.

Il me manque ma cravate. Qui est-ce qui a vu ma cravate? Est-ce toi qui me l'as prise? Rends-la.

Louis, ne faites donc pas tant de bruit à vous tout seul. Si chacun en faisait autant, on ne s'entendrait plus. Avez-vous trouvé ce que vous cherchiez?

Non, monsieur, j'y renonce. Mon mouchoir a disparu aussi. Ah! le voici, il était tombé derrière la table de nuit.

Cette fois, on est prêt. Tout le monde est habillé, peigné, lavé, brossé?

Descendez. En rang, et ne frappez pas les pieds inutilement.

Brush yourself a bit; your tunic is covered with dust. And the kepi? You forget it? Here, put it on and draw up.

We are ready, we are at your disposal.

I want my neckcloth. Who has seen my neckcloth? Is it you who have taken it? Give it back.

Lewis, don't make so much noise by yourself. If everybody did the same, we should not be able to understand one another any more. Have you found what you were looking for?

No, sir, I give it up. My handkerchief has disappeared as well. Ah! Here it is, it had fallen behind the somno.

Now, you are ready. Everybody is dressed, combed, washed, brushed?

Go down. Fall in, and don't stamp on the ground for nothing.

DIALOGUE III.

L'étude.

Où est la salle d'étude de ma classe ?

Suivez vos camarades. Par ici, à gauche, la salle nº 9. Dépêchez-vous, il ne faut pas arriver après les autres. Une fois la porte fermée, on fait la prière et les absents ou les retardataires sont punis.

J'arrive à point, il n'était que temps. On va fermer la porte à l'instant.

Silence! Levez-vous pour la prière.

In nomine Patris et Filii et Spiritus Sancti. Amen.

Veni, sancte Spiritus, reple tuorum corda fidelium et tui amoris in eis ignem accende. Emitte spiritum tuum, et creabuntur, et renovabis faciem terræ.

Monsieur X., tenez-vous mieux. Vous commen-

DIALOGUE III.

The study-room.

Where is the study-room for my class?

Follow your comrades. This way, on the left, ward number nine. Make haste, you must not come after the others. When the door is shut, the prayer is said and those who are absent or late are punished.

I arrive in time, it was just the very minute. The door is going to be shut directly.

Silence ! Stand up for prayer.

In the name of the Father, the Son and the Holy Ghost. Amen.

Come, Holy Ghost, replenish the hearts of thy faithful and enkindle in them the fire of thy love. Send forth thy spirit, and they shall be created, and thou wilt renew the face of the earth.

Master X., behave yourself better. You

cez mal la journée.
Soyez sérieux !

begin the day badly.
Be sensible !

Messieurs, apprenez vos leçons.

Boys, learn your lessons.

Apprenez tout bas ; quand vous saurez, vous demanderez la permission de réciter.

Learn in your own mind ; when you know, you will ask to be allowed to repeat.

Eh bien ! personne ne sait encore ? Voyons, Durand, savez-vous ?

Well ! nobody knows yet ? Come, Durand, do you know ?

Je sais presque. Je veux bien essayer de réciter.

I nearly know. I am willing to try to say.

C'est assez bien, repassez votre leçon une fois et vous la saurez. Et vous ?

It is pretty well, look over again your lesson once and you will know it. And you ?

Venez ici réciter près de mon pupitre. Plus près.

Come here and repeat near my desk. Nearer.

Parlez bas, pour ne pas empêcher vos camarades d'apprendre.

Speak low, that you may not prevent your fellows from learning.

Ce n'est pas su, Louis ; réciter ainsi, c'est ce qu'on appelle ânonner. Recommencez.

It's not known, Lewis ; to repeat thus is what I call to stammer. Begin again.

Vous savez que le professeur est plus sévère que moi. Tenez-vous pour avertis.

You know the teacher is stricter than I. Be aware of that.

Les bonnes notes sont ordinairement plus difficiles à obtenir en classe qu'en étude.

Good marks are usually more difficult to obtain in class than in study.

Avez-vous récité les trois leçons? Qui est-ce qui n'a pas récité?

Tout le monde a fini, l'heure va sonner, préparez vos livres de classe, avec les copies et les cahiers. N'oubliez pas que vous avez une conférence d'histoire ce matin après la classe.

Have you repeated the three lessons? Who has not repeated?

Every body has done, the clock will strike presently, get your books ready for the class, with the copies and copy-books. Don't forget that you have a lecture on history this morning after the class.

DIALOGUE IV.

Au réfectoire.

DIALOGUE IV.

In the dining-hall.

Sortez en ordre; on a sonné pour le déjeuner — pour le dîner.

Walk out quietly; the bell has rung for breakfast — for dinner.

Mettez-vous en rang pour aller au réfectoire.

Fall in to go to the dining-hall.

La soupe vous attend.

The soup is waiting for you.

Avancez! Arrêtez-vous!
Ne marchez pas si vite. — · Dépêchez-vous. Vous savez qu'on n'a que dix minutes pour déjeuner le matin. Après cela, il y a récréation. On sert.

Move on! Stop!
Don't walk so quick. — Make haste. You know you have but ten minutes for the early breakfast. Then comes the time for play. You are going to be helped.

Tout le monde est assis? / Every body is seated?

Silence là-bas! Vous n'êtes pas ici pour babiller, contentez-vous de manger. / Silence yonder! You are not here to chatter, content yourself with eating.

Tout le monde est servi? Personne ne redemande de la soupe? / Every body is helped? No one asks for soup again?

Moi, monsieur, je n'en ai pas eu assez. / I, sir, have not had enough.

Passez-moi votre assiette. / Hand me your plate.

La voici. / Here it is.

En avez-vous assez? / Have you got enough?

Oui, monsieur, je vous remercie. / Yes, sir, thank you.

Pourquoi ne mangez-vous pas, monsieur N...? / Why don't you eat, master N...?

Je n'ai pas faim, monsieur. J'ai plutôt soif. / I am not hungry, sir. I am rather thirsty.

Et vous, monsieur B..., mangez un peu plus vite, s'il vous plaît. / And you, master B..., eat a little faster, if you please.

Vos camarades ont déjà fini. / Your fellows have already done.

Levez-vous et faites la prière. Sortez! / Stand up and say the prayer. Walk out!

DIALOGUE V.

A la sortie du réfectoire.

Monsieur, voudriez-vous me donner un morceau de pain à manger dans la cour?

Du pain sec? — Oui, j'ai du chocolat dans ma poche.

O l'enfant gâté! — Mais, monsieur, il n'est pas 'défendu d'apporter quelque chose de chez soi, n'est-ce pas?

Non. Il vous est même permis d'acheter du fruit, du fromage, des gâteaux, des confitures, ou autres friandises dans la cour.

Alfred, appelle le marchand.

Donnez-moi une livre de cerises.

Combien coûte ce gâteau?

Quinze centimes.

C'est très-cher pour un si petit gâteau.

Donnez-m'en un cependant.

Dis donc, Guillaume, pourquoi est-il défen-

DIALOGUE V.

On leaving the dining-hall.

Sir, would you give me a bit of bread to eat on the play-ground?

Dry bread? — Yes, I have some chocolate in my pocket.

O what a spoilt child!— But, sir, it is not forbidden to bring something from home, is it?

No. You are even allowed to buy fruit, cheese, cakes, jam, or other dainties in the yard.

Alfred, call the seller.

Give me one pound of cherries.

How much is this cake?

Fifteen centimes.

It is very dear for such a small cake.

Never mind, give me one.

I say, William, why is it forbidden to speak in

du de parler au réfectoire ?

the dining-hall ?

Pour plusieurs raisons : Nous allons au réfectoire pour manger et non pour jaser. Telle est la première et la principale raison.

For many reasons : We go to the dining-hall to eat and not to chatter. This is the first and chief reason.

Aimes-tu les légumes ?

Are you fond of vegetables?

Mais oui, quand ils sont bien cuits.

Why, yes, when they are well dressed.

Quant à moi, je n'aime ni le chou ni l'oseille.

For my part, I like neither cabbage nor sorrel.

Et le concombre, comment le trouves-tu ?

And cucumber, how do you like it?

Je n'en ai pas souvent goûté.

I have not often tasted it.

Je le mets au rang des lentilles, des haricots, des carottes et des navets.

I put it together with lentiles, beans, carrots and turnips.

J'avais un instant cru que tu ne finirais point à énumérer les légumes qui t'inspirent tant de dégoût.

I for a moment thought that you would never have finished going over the vegetables which you so much dislike.

Maintenant, mon cher, énumère ceux qui excitent ton appétit.

Now, my dear, go over those which whet your appetite.

Volontiers. Ce sont : les pommes de terre, les choux-fleurs, les petits pois, les artichauts,

Willingly. They are : potatoes, cauliflowers, green - peas , arti - chokes, asparagus , les asperges, les haricots verts...

french beans...

En voilà assez! Pour mon compte, je les aime tous, car je sais que les légumes sont une nourriture fort saine.

That's enough! As for me, I like them all, for I know that vegetables are very wholesome food.

On croirait, à t'entendre, que tu aimes les épinards.

To hear you speak, one would think you like spinage.

Pourquoi pas?

Why not?

Eh bien, tu n'es pas dégoûté!

Well indeed, you are not over fastidious!

Mais toi, peux-tu me dire quelle viande tu préfères?

But you, can you tell me what meat you prefer?

Le bœuf, le veau, le mouton et le porc.

Beef, veal, mutton and pork.

Pour tout dire en un mot, tu aimes toute espèce de viande, n'est-ce pas?

To sum up all in one word, you like all kind of meat, do you not?

Certainement, pourvu qu'elle ne soit pas dure.

Of course, provided it be not tough.

Je te crois gourmand.

I think you are a glutton.

C'est se tromper que de le croire. A vrai dire je ne fais pas la petite bouche.

They are mistaken who think so. To say the truth, I am not a little daintything.

Dis donc, as-tu remarqué que la plupart d'entre nous aiment la salade?

I say, did you observe that most of us like salad?

Oui, laitue ou chicorée, mâche ou céleri, la salade est toujours la bienvenue ici.

Et le dessert !

Nous avons quelquefois de bons puddings , des gâteaux de riz et du fromage à la crème.

Je suis amateur de figues, de noix, d'amandes et de raisins.

Moi, je préfère les pêches, les poires, les pommes et les grosses grappes de raisin.

Tu oublies ce qu'il y a de meilleur : les framboises, les fraises, les cerises et les abricots.

Mais c'est l'heure de la récréation. Allons nous réchauffer les pieds. On n'a pas besoin de nous le dire deux fois. Si nous étions aussi empressés pour toute autre chose !

Yes, lettuce or succory, corn-salad or celery, salad is always welcome here.

And dessert !

We have sometimes good puddings, rice-puddings and cream cheese.

I am fond of figs, nuts, almonds and raisins.

I prefer peaches, pears, apples and large bunches of grapes.

You forget what is best : raspberries, strawberries, cherries and apricots.

But it is the play-time. Let us go and warm our feet. We don't want to be told twice about that. If we were the same about every thing else !

DIALOGUE VI.

En récréation.

Ah! qu'il fait bon sortir de classe! Comme on s'ennuyait, dis donc!

Aux barres! Qui veut jouer aux barres? Par ici les joueurs de barres. Qui en est?

Voyons, combien sommes-nous? Dix, douze, quinze, vingt, vingt-deux, vingt-trois. Il faut un nombre pair. Tâchez donc d'en trouver un pour compléter les deux douzaines.

Veux-tu jouer, Louis?

Non, je n'aime pas courir, je me fatigue trop vite.

Voilà le compte. Nous y sommes. Partageons-nous. Commençons.

Qui est-ce qui commencera? — Il faut tirer au sort. — Bon, mesurons.

Oui, mais distribuons les grands à peu près également.

DIALOGUE VI.

At play.

Ah! how pleasant it is to leave the class! How dull we felt, I say!

At prisoners' base! Who wants to play at prisoners' base? This way the base players. Who is going to join us?

Come, how many are we? Ten, twelve, fifteen, twenty, twenty-two, twenty-three. We must be even. Try then to find another one to make up the two dozen.

Will you play, Lewis?

No, I don't like running, I grow tired too quick.

There's the right number. We are ready. Let us part. Let us begin.

Who will begin? — We must draw lots. — Well, let us take the distance.

Yes, but let the tall ones be almost equally parted.

Il n'y a pas de plaisir sans cela. Il faut autant de forces d'un côté que de l'autre pour bien faire.

Allons, c'est à nous d'engager.

C'est Paul qui y va. Attention, là.

Il y est, le voilà arrivé. Vite, vite, Paul. C'est bon ! Voilà un prisonnier !

Où est la prison ?—C'est ici, mais il va falloir veiller. Ce n'est pas tout rose d'avoir des prisonniers à garder.

En voilà deux. Regarde comme il court, ce grand-là. L'autre ne l'attrapera pas.

Gare aux prisonniers! Ah! malheur! en voilà un qui est délivré.

C'est ta faute, Michel. Je t'avais bien dit de faire attention.

Je ne pouvais pas faire mieux, tu l'aurais laissé prendre tout comme moi.

Cela ne fait rien, nous en prendrons d'autres. J'en réponds.

There's no sport otherwise. We want an equal strength on each side to get on well.

Come, it is our turn to give touch.

Paul goes. Attention, there.

There he is, there he is come. Quick, quick, Paul. All right! There's a prisoner !

Where is the prison ? — It is here, but we must watch over now. It is not quite bright and pleasant to have prisoners to guard.

There are two. See how he is running, that tall one. The other will not overtake him.

Mind the prisoners !

Hang it ! There's one free.

It is your fault, Michael. I was right when I told you to pay attention.

I could not do better, you would have let him be freed as well as I.

No matter, we shall take some more. I warrant you.

Que font-ils donc là-bas? Ils n'engagent pas. Tiens, voilà notre tour: une, deux, trois. En avant !

But what are they doing yonder? They don't give touch. Here, there's our turn : one, two, three. Forward !

Il est pris. Encore un. Quatre prisonniers.

He is taken. One more. Four prisoners.

Vous autres, qui en avez la garde, ne les laissez pas prendre cette fois. Hardi! hardi! Prends garde!

You, in whose custody they are, don't let them be freed this time. Cheer up! cheer up ! Take care !

Ah! bon, en voilà un par terre. Trêve, trêve! Il faut voir s'il ne s'est pas fait mal, il paraît boiter. Allons voir.

Ah! good, there's one on the ground. Truce, truce ! We must see if he did not hurt himself, he seems to limp. Let us go and see.

Qu'a-t-il? Ce n'est rien, une écorchure. Il s'est foulé le pied. Il ne lui faut qu'un peu de repos pour se remettre.

What is the matter with him ? It's only a scratch. He has sprained his ankle. He only wants a bit of rest to recover.

Vous ne jouez pas aux barres, vous trois?

You don't play at prisoners' base, you three?

Non, nous préférons jouer au saut de mouton. En es-tu?

No, we prefer playing at leap-frog. Do you join us ?

C'est un jeu d'enfants.

It is a childish game.

Comme tous les jeux. Qu'importe, pourvu qu'on s'amuse?

Like all games. What does it matter, provided we amuse ourselves?

Mais je ne m'en soucie pas du tout. Autant

But I don't care about it at all. We might as

jouer tout de suite à colin-maillard.

well play directly at blind-man's buff.

DIALOGUE VII.

Même sujet.

A colin-maillard, soit. Viens ici, qu'on te bande les yeux. Donne . ton mouchoir. Y vois-tu maintenant?

Fais-le tourner un moment, qu'il perde un peu son chemin.

Faisons l'épreuve de son bandeau. Mets-lui le poing sous le nez d'un air bien menaçant, nous verrons s'il reculera.

Non, il ne voit réellement pas, je crois.

Allons, cours, attrape. Par ici, à droite; non, à gauche. Prends, prends. Tu n'as qu'à étendre le bras et tu le saisis.

Casse-cou! casse-cou! C'est un arbre ce que tu serres. Passe à côté.

DIALOGUE VII.

The same.

At blind-man's buff, be it so. Come here to be blindfolded. Give your handkerchief. Do you see now?

Make him turn round for a while, that he may have lost a little his way.

Let us prove his bandage. Put your fist to his face with a very threatening look, we shall see if he starts back.

No, he really does not see, I believe.

Well, run, catch. This way, on the right; no, on the left. Catch, catch. You have but to stretch out your arm and you catch him.

Danger! danger! You are clasping a tree. Turn aside. Stand, you will

Halte-là, tu vas te cogner au mur.

knock against the wall.

Qui tiens-tu là? Nomme-le, avant d'ôter ton bandeau.

Whom do you hold there? Give his name, before removing your bandage.

Il l'a reconnu, c'est bien. Otez-lui son bandeau.

He has found him out, it's right. Remove his bandage.

Regarde donc ces grands élèves de rhétorique. Ils ne courent pas, ils ne jouent pas. Ils font des promenades et des conversations.

But look at those tall pupils of the rhetoric class. They don't run, they don't play. They are walking and talking.

De quoi peuvent-ils bien causer?

What then can they talk about?

Assurément pas de leurs versions et de leurs discours.

To be sure not about their translations and compositions.

Font-ils de la politique?

Are they talking politics?

Je ne pense pas. C'est leur affaire d'ailleurs et non la mienne.

I don't think. After all that's their concern and not mine.

Il est défendu de grimper aux arbres. Ne t'avise pas de le faire. Si le maître te voit, il te punira. Prends garde!

It is forbidden to climb up the trees. Beware of doing it. If the usher sees you, he will punish you. Take care!

Il n'est permis de toucher aux arbres que pour jouer aux quatre coins.

It is allowed to touch the trees only when playing at puss in the corner.

Le fait est qu'ils sont bien placés pour cela. Cette disposition s'appelle

The truth is that they are well ordered for the purpose. This is

quinconces, n'est-ce pas ?

what we call a quincuncial ordering, isn't it ?

Oui, c'est un drôle de mot, presque aussi laid que la chose.

Yes, it is an odd word, nearly as ugly as the thing itself.

J'aimerais bien mieux un jardin anglais avec des massifs, des allées et des pelouses. En as-tu vu ?

I should like best an English garden with clumps, walks and lawns. Have you seen any ?

Il y en a beaucoup dans les colléges nouveaux près de Paris destinés aux tout jeunes élèves.

There are many in the new schools near Paris intended for pupils quite young.

Voilà un trou pour jouer aux billes. As-tu des billes, toi ?

There's a hole for playing at marbles. Have you any marbles, you ?

Non, ce n'est pas la saison, non plus que des toupies. Mais cela viendra, et tu verras si tu seras de force à lutter avec moi.

No, it is ill-timed, altogether like tops. But that will come, and you will see if you are strong enough to cope with me.

Nous pourrions aussi jouer à la marelle.

We might also play at hop-scotch.

Comme tu voudras.

As you please.

Pauvre Émile ! le voilà mis au piquet pour avoir désobéi au maître d'étude.

Poor Emile ! there he is standing still in one place for having disobeyed the usher.

La récréation va finir tout de suite. Je viens de voir passer le garçon, qui va ouvrir la porte des classes.

The play time will be over directly. I have just seen the servant go by to open the door of the classes.

Voilà le tambour qui prend sa caisse et ses baguettes. Il regarde l'horloge et se tient prêt.

There's the drummer taking his drum and drum-sticks. He looks at the clock and stands in readiness.

Allons, messieurs, passez à la fontaine, allez vous laver les mains avant de rentrer en classe.

Come, boys, go to the fountain and wash your hands before going into the class.

A qui ce livre tombé dans la cour et tout déchiré? Celui qui l'a oublié va s'en repentir.

Whose book is this lying in the yard and all torn? He who has forgotten it shall pay dearly for it.

En rang, voici l'heure. En classe, messieurs, et pas de bruit en attendant le professeur.

Fall in, this is the time. Go into the class, boys, and make no noise while you are waiting for the master.

DIALOGUE VIII.

La promenade.

DIALOGUE VIII.

Walking out.

Quels sont les jours de promenade?

What are the days for walking out?

Le jeudi et le dimanche, sauf quand il fait trop mauvais temps.

On Thursdays and Sundays, save when it is too bad weather.

On part de bonne heure sans doute?

We doubtless set off early?

A deux heures en hiver,

At two o'clock in winter,

à deux heures et de-
mie en été.

Avez-vous jamais fait de
grandes excursions à
la campagne?

Rarement. On fait peu
de longues courses.
Quelquefois seulement
le professeur de bota-
nique et de géologie
nous mène à quelque
distance de la ville.
Mais cette promenade
n'est pas un jeu, c'est
une classe ambulante.
On récite ses leçons
en marchant et si l'on
n'y prend garde, on
peut se faire punir là
comme en classe.

Qu'est-ce donc qu'on
exige de vous dans ces
excursions scientifi-
ques?

Il faut trouver des plan-
tes et des roches que
le professeur nous
désigne. Ou bien il
faut dire à première
vue à quelle famille
appartient telle ou
telle fleur qu'on nous
présente, quel est le
nom de cette pierre,
de quel âge est ce ter-
rain, quel est ce fos-

at half past two in
summer.

Did you ever take long
trips to the country?

Seldom. We take few
long walks. Some-
times only the mas-
ter of botany and geo-
logy takes us to a
short distance from
town. But this walk is
not a sport, it is an
itinerant class. We
say our lessons on
the way and if we
don't take good heed,
we may be punished
just as in class.

What then is required
of you in those scien-
tifical trips?

We must pick up cer-
tain plants or rocks
which the master tells
us. Or else we must
say at the first glance
to what tribe belongs
this or that flower
which is shown to us,
what is the name of
that stone, what is
the age of this rock,
what is that fossil,

sile, où il se trouve, etc. — where it is found, etc.

C'est un exercice des plus précieux. — It is a most valuable practice.

Oui, mais aussi des plus difficiles. — Yes, but also the most difficult one.

Avez-vous jamais fait de promenades dans Paris ? — Did you ever take any walks in Paris?

Pardon. Nous avons visité les principaux monuments. Chaque semaine nous faisons quelque visite de ce genre. — I beg your pardon. We have visited the chief buildings. Every week we make some visit of this kind.

Dernièrement nous avons été voir le Panthéon ; nous sommes descendus aux caveaux et puis montés à la lanterne. — Lately we went to visit the Pantheon ; we went down to the vaults and then took a climb to the ball.

Avez-vous entendu l'écho retentissant qui se trouve dans un des souterrains? — Did you hear the sounding echo which is met with in one of the vaults.

Oui, certainement. Les petits en ont même eu peur. Le gardien qui nous conduisait n'avait pas prévenu qu'il allait tirer un coup de pistolet ; la détonation nous a fait tressaillir. Quelques-uns se sont mis à crier. — Yes, of course. The little folks have even been afraid of it. The keeper who led us had not given us warning that he would fire off a pistol; the report startled us. Some began to scream.

Vous a-t-on montré les tombeaux de Voltaire et de Rousseau?

On nous a montré deux cercueils qu'on nous a dit contenir les restes de ces deux grands hommes.

Quelle belle vue on a du haut du Panthéon, sur tout Paris et sur les environs à une grande distance!

Je préfère pourtant la vue qu'on a de la tour Saint-Jacques. La Seine, qu'on voit mieux du haut de cette tour, anime et coupe plus agréablement le panorama de Paris.

Et l'Arc de Triomphe, vous a-t-il plu?

Infiniment. Que le bois de Boulogne et les Champs-Elysées forment un charmant coup d'œil du haut de la plate-forme!

Quel dommage que le bois de Boulogne comme tous les bois

Did they show you the tombs of Voltaire and Rousseau?

They showed us two coffins which, they said, contain the remains of these two great men.

What a beautiful prospect we have from the top of the Pantheon, over all Paris and the environs at a great distance!

I still prefer the prospect we have from the tour Saint-Jacques. The Seine, which is better seen from the top of this tower, enlivens and cuts out in a more pleasant way the panorama of Paris.

And the Arc de Triomphe, have you been pleased with it?

Very much. What an enchanting view the bois de Boulogne and the Champs-Elysées display from the top of the platform!

What a pity that the woods of Boulogne as well as all the woods

voisins de Paris aient tant souffert de la guerre ! Ils en porteront longtemps les traces.

near Paris have been so much injured by the war ! The traces will long be seen.

DIALOGUE IX.

Même sujet.

Tenez, voilà qu'on se réunit dans la cour. Nous allons partir.
Voici le maître d'étude qui prépare son itinéraire.
On se met en rang, comme d'habitude. On ne fait rien au collége sans se mettre en rang.
Je vais chercher mon képi que j'ai laissé à l'étude et je vous rejoins.
Êtes-vous prêts , messieurs ? Nous partons. Les petits en tête ; rangez-vous à peu près par ordre de taille.
Nous y sommes.
Rappelez-vous que, pour traverser les grandes

DIALOGUE IX.

The same.

Here, there they are meeting in the yard. We are going to walk out.
Here's the usher preparing his itinerary.

They draw up, as usual. We do nothing at school without drawing up.

I go and fetch my kepi I have left in the ward and I join you.

Are you ready, boys? We start. The little ones in the front line ; draw up nearly according to size.

We are ready.
Remember that, for crossing the large streets

rues et les boulevards, il faudra se diviser en deux bandes, et ne pas se précipiter à l'étourdie devant les voitures.

Où va-t-on nous mener aujourd'hui ? Je ne sais, mais je ne serais pas étonné qu'on allât au Jardin des Plantes.

Nous verrons bien.

Il est permis de causer au moins à la promenade ?

Heureusement. C'est bien assez de se taire en classe et à l'étude.

Aussi écoutez comme on s'en donne à cœur-joie.

Voilà la Madeleine. On nous y a menés l'autre jour; l'intérieur de l'église n'offre pas grand intérêt.

Plus pourtant que Notre-Dame de Lorette, couverte de dorure et plus brillante que majestueuse.

Quel triste spectacle que ces ruines qui nous

and boulevards, you must draw up in two bands, and not run headlong before the vehicles.

To what place shall we be taken to-day? I don't know, but I would not be astonished if we are taken to the Garden of Plants.

We shall see.

It is at least allowed to talk during the walk ?

Fortunately. It is quite enough to keep quiet in the class and study.

So listen how we indulge ourselves to our heart's delight.

There's the Madeleine. We have been taken through the other day; the inside of the church does not afford great interest.

Still more than Notre-Dame de Lorette, gilt all over and more glittering than stately.

How painful it is to behold these ruined pi-

rappellent la guerre civile !

les, which remind us of civil war !

Voyez-vous ce ministère où il n'est pas resté une fenêtre intacte? Les murs semblent près de s'écrouler.

Do you see this minister's palace in which not a single window has remained whole? The walls seem on the point of crumbling away.

On commence les travaux de réparation, on finit d'abattre les pans de murs noircis qui sont restés debout.

They are beginning the works for making the repair, they end felling the blackened wall-pieces which have remained standing.

Reconnaissez-vous les Tuileries? Voyez-vous ce qu'il en reste. Quels monceaux de décombres!

Do you recognize the Tuileries? Do you see what remains of them. What a heap of rubbish !

C'est un bonheur inappréciable pour la France et pour le monde que le Louvre ait échappé à la destruction.

It's a thorough lucky thing for France and the world that the Louvre has escaped destruction.

Tous les musées de peinture, de sculpture et d'antiquités sont intacts, à ce qu'on dit. Il n'y a pas de trésor au monde plus précieux que ces galeries.

All the museums for painting, sculpture and work of antiquity are untouched, according to what is said. There's no treasure in the world more valuable than those galleries.

DIALOGUE X.

Même sujet.

Voilà la Seine, nous allons traverser le pont Neuf, ainsi nommé parce qu'il fut neuf une fois. Aujourd'hui c'est l'un des plus vieux de Paris.

Que l'eau est jaune, et qu'elle semble bourbeuse !

Les écoles de natation et les établissements de bains sont encore installés sur l'eau. C'est étonnant, car la saison est passée.

Je le regrette bien. Quelles bonnes parties de natation nous y avons faites !

Te rappelles-tu quand Eugène a piqué une tête malgré lui ?

Cela ne lui a pas fait grand mal, il nage comme un poisson. As-tu vu comme il fait merveilleusement la planche ?

Non, je reste bien souvent auprès du petit bain, je n'ose pas en-

DIALOGUE X.

The same.

There's the Seine, we shall go over the New-Bridge, thus named because it was new once. Now it is one of the oldest in Paris.

How yellow is the water, and how muddy it looks !

The swimming-schools and bathing-establishments still stand upon the water. It's astonishing, for the season is over.

I regret it extremely. What nice swimming-parties we went on there !

Do you recollect when Eugene caught a ducking?

That did him no great harm, he swims like a fish. Did you see how wonderfully he swims on his back ?

No, I stay very often near the small bath, I dare no yet go up to

core aborder le grand.
Je crains de me noyer.

the deep one. I am afraid of being drowned.

La statue d'Henri IV, à ce qu'on nous a dit hier en classe, est à peu près placée au même lieu où fut brûlé le grand maître des Templiers, Jacques de Molay, sous Philippe le Bel.

The statue of Henry the fourth, according to what we have been told yesterday in class, is erected almost at the very spot where has been burnt the Grand Master of the knight templars, Jacques de Molay, under Philip the Fair.

Sais-tu la date ?

Do you know the date ?

Le 18 mars 1314. Mais je croyais que c'était tout à la pointe du terre-plein du pont Neuf.

The eighteenth of March 1314. But I thought it was quite at the end of the platform of the New-Bridge..

Quel triste voisinage pour Henri le Grand que cette bizarre place Dauphine, chef-d'œuvre du genre disgracieux !

What a poor neighbourhood is for Henry the Great this odd Dauphine square, a rare piece of the awkward style !

Nous allons justement la traverser ; nous aurons le loisir de l'admirer.

We shall just cross it ; we shall be at leisure to admire it.

Je n'avais pas encore vu le palais de Justice, il a été brûlé avant d'être achevé ; c'est bien de lui qu'on pourra dire comme du phénix...

I had not yet seen the palace of Justice, it has been burnt before being finished ; of it surely we may say as of the phenix... that it springs again from

qu’il renait de ses cendres.

Tiens, on va s’arrêter ici, pour nous faire visiter la Sainte-Chapelle.

Le maître d’étude s’informe si nous pouvons entrer.

Il paraît que non, il e·t trop tard, à ce que dit le concierge. On se remet en marche. Soit.

its ashes.

Indeed, they are going to stop here, to make us visit the Holy-Chapel.

The usher is asking if we may walk in.

It seems we cannot, it is too late, according to the door-keeper. We begin again walking. Be it so.

DIALOGUE XI.

Même sujet.

Ici, par exemple, nous allons entrer. Voilà le grand portail de Notre-Dame.

Sais-tu ce que c’est que ces colonnettes et ces statues? Compte-les.

Il y en a vingt-huit. — C’est la fameuse galerie des rois, comme tu sais.

De quels rois? des rois de France?

Mais non; il n’y avait peut-être pas eu 28

DIALOGUE XI.

The same.

Here, to be sure, we shall walk in. There’s the great porch of Notre-Dame.

Do you know what are these small pillars and statues? Count them up.

There are twenty-eight. — It’s the celebrated gallery of the kings, as you know.

Of what kings? of the kings of France?

Why, no; there had perhaps not yet been

rois en France quand on commença à bâtir Notre-Dame de Paris, à moins que tu ne comptes Pharamond et Caribert pour faire le nombre. — Ce sont les rois de Juda et d'Israel.

twenty eight kings in France when they began to build Notre-Dame of Paris, unless you reckon Pharamond and Caribert to make up the number. — Those are the kings of Judah and Israel.

Tais-toi donc, que j'entende les explications.

But hold your tongue, that I may hear the explanations.

Qu'est-ce qu'on dit?

What is it said?

On dit que cette forme de portes et de fenêtres que tu vois là s'appelle ogive, architecture ogivale.

It is said that this style of doors and windows which you see there is called ogive, ogive architecture.

C'est du gothique.

It's gothic style.

Je ne comprends pas tous les termes dont se sert notre cicerone. Et toi?

I don't understand all the terms which our cicerone makes use of. Do you?

On nous fait admirer la rose ou rosace en pierre découpée. Sais-tu qu'elle a treize mètres de diamètre?

They make us admire the rose or rose-window hewn out of the rock. Just fancy that it is thirteen metres in diameter?

Regarde donc cette grande nef, et ces colonnes avec des chapiteaux à feuillage, et ces vitraux merveilleux, et ces jeux de pierre de toute espèce.

But look at that large nave, and those pillars with leafy capitals, and those wonderful glass windows, and those stone-works of all kind.

Y a-t-il rien de plus beau au monde?

Is there anything finer in the world?

Rien du moins dans le genre de l'architecture du moyen âge qui est ici dans toute sa perfection.

Nothing at least in the style of mediæval architecture which is here in the acme of perfection.

Nous allons monter aux tours. Verrons-nous le bourdon?

We shall climb up to the towers. Shall we see the tom-bell?

Oui, mais nous ne l'entendrons pas.

Yes, but we shall not hear it.

Heureusement, car de si près une cloche de treize mille kilos doit être terrible pour les oreilles.

Fortunately, for at so short a distance a bell of thirteen thousand kilograms must be dreadful to the ears.

Devine quelle est la hauteur des tours de Notre-Dame.

Guess what is the height of the towers of Notre-Dame.

Cinquante mètres peut-être.

Fifty metres perhaps.

67 mètres 20 centimètres.

Sixty seven metres twenty centimeters.

Le Panthéon est encore plus haut. Le pied de la croix de fer doré qui surmonte le dôme est à quatre-vingts mètres du sol. Sans compter le sous-sol, c'est-à-dire la crypte.

The Pantheon is still higher. The foot of the golden iron-cross which tops the dome is eighty metres above ground. Without including the subsoil, that is to say the crypt.

Qu'est-ce qu'une crypte?

What's a crypt?

Tu sais bien, ces caveaux et ces souterrains placés sous l'église et où

Well, you know, those vaults and subterranean chambers placed

tu m'as dit toi-même que vous aviez eu si grand'peur. La plupart des églises autrefois avaient des cryptes ou chapelles souterraines.

En souvenir, dit-on, des retraites où les premiers chrétiens se cachaient ou ensevelissaient leurs martyrs.

under the church and where you yourself told me you had been in such a great fright. Most churches formerly had crypts or subterranean chapels.

In memory, so people say, of the shelters in which the early christians concealed themselves or buried their martyrs.

DIALOGUE XII.

Même sujet.

DIALOGUE XII.

The same.

A propos des catacombes, je voudrais bien voir celles de Paris. On dit que c'est bien curieux.

Ce sera pour une autre fois, aujourd'hui voilà déjà que le maître regarde à sa montre pour nous ramener.

Non, il se décide à pousser jusqu'au Jardin des Plantes.

Tant mieux, on s'amuse toujours bien où il y a des animaux.

With regard to catacombs, I should like to see those of Paris. There are said to be very curious things.

That will be for another time, to-day there's already the usher looking at his watch in order to take us back.

No, he resolves to push on as far as the Garden of Plants.

So much the better, we always amuse ourselves rightly where there are animals.

Mais pourquoi l'appelle-t-on Jardin des Plantes?

D'abord, il ne s'appelle pas Jardin des Plantes. C'est le nom populaire qui a remplacé celui de *Jardin du Roi*. Le nom officiel d'aujourd'hui est *Muséum d'histoire naturelle*.

D'ailleurs il n'y a pas si longtemps qu'on y a mis des animaux. Sais-tu qui a proposé d'établir une ménagerie? Je te le donne à deviner.

Quelque ami des bêtes sans doute. Si la Fontaine avait pu en être intendant, l'idée eût bien pu venir de lui. Serait-ce la Société protectrice des animaux?

Non. C'est Bernardin de Saint-Pierre, l'auteur de *Paul et Virginie*. Avant lui et avant Buffon, il n'y avait ici que des plantes et, qui pis est, des herbes médicinales.

Regarde donc la joie dé-

But why is it called Garden of Plants?

First, its name is not Garden of Plants. It is the popular name which succeeded to that of *the King's Garden*. The official name now is *Museum of natural history*.

After all it is not so very long since animals have been put here. Do you know who moved to set up a menagery? I give it you to guess.

Some friend of beasts no doubt. If la Fontaine could have been the intendant, the idea might have come from him. Can it be the Society for protection to animals?

No. It is Bernardin de Saint-Pierre, the author of *Paul and Virginia*. Before him and Buffon, here were but plants and, what is worse, medicinal herbs.

But look at the raving

lirante des petits, à voir le lion, le tigre, et à les agacer.

mirth of the little ones , in seeing the lion, the tiger, and in teasing them.

Comme tout ce petit monde-là se sauverait à grands cris, s'il y avait seulement un barreau de brisé ici!

With how loud cries all those little folks would run away, if there were a single bar broken here !

Tiens, voilà les serres, voilà la rotonde, voilà les volières, les galeries. C'est à s'y perdre.

Now, there are the hot-houses, there 's the rotunda, there are the aviaries, the galleries. One may lose his way here.

On n'a pas le temps de tout voir, nous allons trop vite.

We have no time to see every thing, we go on too quick.

C'est qu'on veut nous montrer la fosse aux ours. C'est probable.

It is because they want to show us the bear-den. It is likely.

Non, nous allons au Labyrinthe.

No, we are going to the Labyrinth.

Ecoute ce qu'on nous dit de cet arbre: c'est un cèdre; c'est dans son chapeau que Bernard de Jussieu l'apporta du Liban en France en 1734. Et aujourd'hui c'est le plus grand arbre du Jardin des Plantes !

Listen to what we are told about this tree : it's a cedar-tree; Bernard de Jussieu brought it from Lebanon to France in his hat in the year 1734. And now it is the biggest tree of the Garden of Plants!

Vite, vite, nous allons être en retard. Dé-

Quick, quick, we shall be late. Let us make

pêchons-nous qu'on ne nous gronde pas.

Nous allons prendre le bateau pour arriver plus tôt.

J'en suis charmé, car je suis bien las.

haste, lest we should be scolded.

We shall go by boat in order to arrive sooner.

I am glad of it, for I'm very tired.

DIALOGUE XIII.

Le jour de sortie.

Il y a sortie aujourd'hui et mon correspondant a promis de venir me chercher pour aller ensemble passer la journée à la campagne.

A quelle heure sort-on dans ce collége?

La sortie commence à huit heures pour les élèves qui ne sont pas punis et qui ont terminé tous leurs devoirs.

A quelle heure faut-il rentrer le soir?

A neuf heures et demie, et il faut être exact, sous peine d'être privé de sortie un autre jour.

DIALOGUE XIII.

The holiday.

To-day is holiday and my correspondent has promised to come and fetch me that we may go together and spend the day in the country.

At what o'clock do you leave in this school?

The holiday begins at eight o'clock for the pupils who are not punished and who have finished all their tasks.

At what o'clock must you come back in the evening?

At half past nine, and we must be punctual, on pain of being prevented from going out another day.

Voici l'heure de la sortie. On commence à appeler les élèves. Tenons-nous prêts.

Here's the time for going out. They begin to call the pupils. Let us stand in readiness.

Je trouve qu'on tarde bien à me venir chercher.

I think they are very long before coming for me.

Quelle impatience! Il y a à peine trois minutes que l'heure est sonnée et tu te plains déjà!

What an eagerness! It is scarcely three minutes since the clock has struck and you are already complaining!

C'est que je n'ai aucune envie de manquer le train qui part à neuf heures! Les minutes ont leur prix, quand il s'agit d'une partie de campagne comme celle que je vais faire aujourd'hui et qu'on pourrait presque appeler un petit voyage. Songe qu'il y en a pour deux bonnes heures en chemin de fer. Nous allons visiter les ruines d'un vieux château. Et toi, comment te proposes-tu d'employer ta journée?

It's because I've no wish to miss the train which starts at nine o'clock! Minutes are of weight, when it is question of a party of pleasure in the country such as I shall go on to-day and which we might almost call a little journey. Consider we shall travel two full hours by rail. We are going to visit the ruins of an old castle. And you, how do you intend to spend your day?

Moi, j'irai visiter le Musée avec mon père, et de là, j'irai dîner chez

For my part, I shall go and visit the Museum with my father, and

un de mes oncles, dont c'est la fête aujourd'hui.

Vois donc ce pauvre Henri qui est consigné jusqu'à midi, pour être arrivé en retard l'autre fois!

Et que dis-tu d'Edmond qui lui-même a prié ses parents de ne venir le chercher qu'après-midi, afin de pouvoir travailler son histoire?

En vue du grand concours, sans aucun doute?

Non, mais en vue de son prochain examen. Il faut avouer qu'il n'a pas tort, et j'en ferais bien autant à sa place.

Pour le coup, je commence à croire qu'on ne viendra pas me chercher. Voilà huit minutes que l'heure est passée, et personne encore! Ma foi! on se sentirait vraiment tenté de ne plus vouloir sortir!

Eh bien, que fais-tu

thence, I shall go and dine with one of my uncles, whose birthday it is to-day.

But look at this poor Henry who is kept in till noon, for having been late last time!

And what do you think about Edmund who himself begged his parents to come for him but in the afternoon, that he may study his history?

With a view to the grand competition, without any doubt?

No, but with a view to his next examination. It must be owned that he is not wrong, and I should certainly do the like in his case.

This time, I begin to think they will not come for me. Eight minutes have gone by since the clock has struck, and nobody yet! I'faith! One would indeed feel tempted to want no more going out!

Well! But what are you

donc là? N'entends-tu pas que le garçon t'appelle depuis plus de cinq minutes?

doing there? Don't you hear the servant calling you for more than five minutes!

Comment! il m'appelle! Et moi qui perds mon temps à raisonner! Allons, tâchons de le regagner. Pourvu que nous n'arrivions pas trop tard à la gare! Adieu, mes amis, beaucoup de plaisir!

What! He calls me! And I am wasting my time in arguing! Now, let's endeavour to overtake him. Provided we don't arrive too late at the terminus! Farewell, my friends, much pleasure to you!

Au revoir et bon voyage!

Good bye and a pleasant journey to you!

Merci, à ce soir!

Thank you, I shall see you again this evening!

DIALOGUE XIV.

Même sujet.

DIALOGUE XIV.

The same.

Nous voici à la fin de la journée. C'est l'heure de la rentrée. Que cela passe vite, un jour de sortie, n'est-ce pas?

Now we are at the end of the day. It is the hour for going back. How fast that runs on a holiday, does it not?

A qui le dis-tu? Il est vrai que j'ai bien employé ma journée et que je me suis parfaitement amusé. D'a-

Who doubts it? The truth is that I have rightly spent my day and have thoroughly amused myself. First,

bord, après le déjeuner, mon père m'a conduit au musée de peinture.

Ah! J'y ai été aussi il y a quelque temps. Quelles merveilles! As-tu vu, dans la quatrième salle à gauche, ces magnifiques tableaux de Rembrandt et des deux Téniers!

Non; nous sommes restés dans la salle où se trouvent les tableaux de l'école française moderne et de l'école italienne. Mais quels admirables chefs-d'œuvre!

Ah! voilà Paul qui rentre! Il a l'air tout essoufflé! Eh bien! et ton voyage aux ruines de C...?

Superbe; mais laissez-moi respirer un peu. J'ai cru que nous arriverions en retard.

Nous avons manqué le premier train.

Mais cela est peu de chose auprès des émotions que nous avons éprouvées à notre retour. Nous

after breakfast, my father took me to the picture-museum.

Ah! I have been there too some time ago. What a wonder! Did you see in the fourth hall on the left, those magnificent pictures of Rembrandt and the two Teniers?

No; we stopped in the hall where are hung the pictures of the French modern school and of the Italian. But what capital masterpieces!

Ah! there's Paul coming back! He looks quite out of breath! Well! And your trip to the ruins of C...?

Splendid; but let me take a little breath. I thought we should be late.

We missed the first train.

But that is a mere trifle when compared to the excitement we felt on our return. We had already cleared M....,

avions déjà dépassé la station de M..., et j'avoue qu'un peu fatigué je tombais dans un état de somnolence que produit le va-et-vient du wagon, lorsque je fus tiré de mon assoupissement par un craquement inusité qui se fit entendre tout à coup.

Le train commença à se ralentir et finit par s'arrêter tout à fait. Les voyageurs se regardaient assez étonnés, et le fait est que ce n'était pas bien rassurant.

Le fils de mon correspondant, qui n'a encore que dix ans, avait bien peur et disait que sans doute la locomotive avait déraillé. Moi, je craignais surtout d'arriver en retard, et même de ne pouvoir peut-être rentrer. Heureusement qu'au bout de quelques instants la chose s'expliqua.

Il paraît qu'une machine obstruait la voie à un

station, and I confess that being somewhat tired I fell into a state of drowsiness produced by the to and fro motion of the carriage when I was startled out of my slumber by an unusual creaking which was heard on a sudden.

The train began to slacken and at last stopped altogether. The passengers looked at one another somewhat amazed, and the fact is that it was not reassuring.

The son of my correspondent who is only ten years old, was much afraid and said that no doubt the engine had run off the rails. For my part, I was above all afraid of being late, and even of not being allowed to come back. Fortunately after a while the thing was accounted for.

It seems that an engine blocked the road at a

endroit où on la répare ; le cantonnier s'était empressé de faire les signaux nécessaires, et le convoi s'était arrêté. Enfin le train se remit en marche.

place where it is undergoing repairs ; the signal-man had hastened to make the necessary signals, and the train had stopped. At last the train started again.

J'arrive assez fatigué, mais content de ma journée, car je me suis bien amusé. A la prochaine sortie, j'espère encore faire quelque petite excursion avec mon correspondant.

I arrive feeling a little tired, but satisfied with my day's journey, for I have much amused myself. On the next holiday, I hope to take again some little trip with my correspondent.

DIALOGUE XV.

Le parloir.

DIALOGUE XV.

The parlour.

Bonjour, mon cher enfant, comment allez-vous depuis que je vous ai vu ?

Good morning, my dear boy, how have you been since I saw you last ?

Très-bien, monsieur, et vous-même ? Et Paul ?

Very well, sir, and yourself ? And Paul ?

A merveille. N'est-il pas déjà venu vous voir ?

Wonderfully well. Has he not already come to see you ?

Non, je n'ai reçu encore d'autre visite que celle de ma mère et de mes sœurs.

No, I haven't been paid a visit by any one but by my mother and sisters.

J'ai eu le plaisir de les voir hier, nous avons passé une charmante soirée ensemble chez nos amis H.... Elles comptent venir vous voir au premier jour. On peut venir tous les jours, n'est-ce pas?

I had the pleasure of seeing them yesterday, we spent a delightful evening together at our friends H...'s. They intend to come and see you at the first opportunity. We may call in every day, may we not?

Non, monsieur N.; trois fois par semaine seulement. Mais, comme nous sortons le jeudi et le dimanche, nous ne sommes pas trop séparés de la famille.

No, Mr. N.; three times a week only. But as we go out on Thursdays and Sundays, we are not too much separated from our family.

Comment vous trouvez-vous, en somme, de cette vie de collége, mon ami? Vous y faites-vous aisément?

How do you like, on the whole, that college-life, my friend? Do you easily get inured to it?

Sans trop de peine. Mais pourtant il m'arrive de regretter la maison.

Without too much difficulty. But still I happen to long for home.

C'est tout naturel. En quelle classe êtes-vous?

It is very natural. In what class are you?

En troisième.

In the third class.

Comment se nomme votre professeur?

What is your master's name?

C'est M. N...

It's Mr N...

Un charmant homme à ce que m'ont dit plusieurs de ses anciens élèves. Il est très-sé-

A nice gentleman according to what I have been told by his former pupils. He is

vère, mais absolument juste, très-bienveillant pour les élèves sérieux, et rempli de complaisance pour ceux qui le méritent vraiment.

C'est bien cela. Aussi est-il très-aimé des bons élèves, mais redouté des autres. Il ne leur fait pas grâce; il ne souffre pas qu'on fasse le moindre bruit dans la classe, et il est sans pitié pour les paresseux endurcis. Il leur rend la vie dure.

D'après ce jugement, on voit que vous n'êtes pas de ceux qui ont à craindre ses rigueurs.

En effet, il ne m'a pas encore puni une seule fois.

Vous avez d'autres professeurs que celui-là?

Oui, monsieur, un professeur de sciences physiques et naturelles, un professeur d'histoire et deux professeurs de langues vivantes.

---

very strict, but quite just, very kind to earnest pupils, and full of kindness for those who really deserve it.

That's right. So is he much liked by good pupils, but dreaded by the others. He does not spare them; he does not bear the slightest noise in the class, and he is without pity for the would-be idle. He leads them a very hard life.

According to this judgment, I see you are not one of those who have to fear his strictness.

Indeed, he has not yet punished me even once.

You have other masters besides that one?

Yes, sir, a master of natural philosophy, a master of history and two masters for the living languages.

Laquelle avez-vous choisie ?

Which did you choose?

J'ai choisi l'anglais, qui m'intéresse plus que l'allemand ; d'ailleurs l'allemand est, je crois, plus facile à apprendre quand on sait bien l'anglais.

I have chosen the English language which to me is more interesting than German ; after all, German is, I believe, more easily learned when one knows well English.

Êtes-vous déjà un peu exercé ? Parlez-vous anglais ?

Are you already a little read ? Do you speak English ?

Passablement. Notre professeur nous parle anglais pendant la classe. C'est le plus sûr moyen de nous obliger à en savoir au moins quelques mots.

So so. Our master speaks English to us during the class. That is the best way to oblige us to know at least a few words of it.

DIALOGUE XVI.

Même sujet.

DIALOGUE XVI.

The same.

Quel plaisir et aussi quels avantages on se procure, en apprenant de bonne heure une langue étrangère, soit au point de vue littéraire, soit au point de vue pratique. Avez-vous déjà quelques

What pleasure and besides what profit one derives, from learning soon a foreign language, either with regard to literature, or with regard to practice. Have you already got any idea of En-

notions de la littérature anglaise?

Très-peu. Avant de traduire le *Vicaire de Wakefield* de Goldsmith, on nous a dit quelques mots sur cet écrivain et ses œuvres. Mais je n'ai pas bien compris tout ce qu'on nous a dit.

Avez-vous retenu la date de sa naissance et de sa mort?

Non, mais je les ai inscrites dans ce petit carnet que je porte toujours sur moi, et où je note, au fur et à mesure qu'elles se présentent, les choses les plus importantes à retenir. Voici les dates en question : Goldsmith est né au mois de novembre 1728 à Ballas, en Irlande, et il est mort le 5 avril 1774 à Londres, dans sa quarante-sixième année.

Vous avez raison de noter tous les renseignements que vous désirez conserver. On oublie si facilement !

glish literature ?

Very little. Before translating the *Vicar of Wakefield* by Goldsmith, we were told a few words about this writer and his works. But I did not well understand every thing we were told.

Do you remember the date of his birth and death?

No, but I have written them in this little note-book which I always carry about me, and in which I put down, in proportion as they occur, the most important things to keep. Here are the dates in question : Goldsmith was born in the month of November 1728 at Ballas, in Ireland, and he died on the 3d of April 1774 in London, in his forty-sixth year.

You are right to put down all the information you wish to keep. One forgets so easily !

J'en ai fait autant pour les principaux noms et les faits marquants de l'histoire littéraire de l'Angleterre qu'on nous a cités, depuis Machiavel jusqu'à Byron.

I did the same with respect to the principal names and chief facts of the history of English literature which have been quoted to us from the time of Machiavel down to Byron.

Vous paraissez prendre intérêt à l'étude de l'anglais, et je ne saurais trop vous en féliciter. Vous ne négligerez pas le reste sans doute ?

You seem to take an interest in the study of the English language, and I can't congratulate you too much for it. No doubt you won't neglect the rest ?

Je tâche de faire mon possible pour apprendre. Mais toutes les branches d'étude n'ont pas le même attrait. Ainsi la géographie n'a pas pour moi à beaucoup près autant d'attraits que l'histoire.

I strive to do my best to learn. But every branch of study does not afford the same attraction. For instance geography is not by far so attractive to me as history.

Combien de branches d'études embrasse votre programme ?

How many subjects are taken in your programme ?

Je ne sais pas, je n'ai jamais pensé à en faire le compte, mais c'est facile : d'abord les quatre langues classiques, français, latin, grec et anglais. Puis

I don't know, I never thought of reckoning them, but it's easy : first the four classical languages, French, Latin, Greek and English. Next history and geo-

l'histoire et la géographie, qui ne nous prennent qu'une ou deux classes par semaine. Puis les sciences mathématiques, géométrie, algèbre, arithmétique supérieure. Puis la physique et la chimie; enfin, l'histoire naturelle (zoologie, botanique, géologie). Plus tard nous aurons à étudier la philosophie et probablement d'autres sciences, que je ne connais pas encore même de nom.

graphy, which we only attend once or twice a week. Next mathematical sciences, geometry, algebra, higher arithmetic. Next physics and chemistry; lastly, natural history (zoology, botany, geology). Later we shall have to study philosophy and likely other sciences, which I don't know yet even by name.

DIALOGUE XVII.

Même sujet.

DIALOGUE XVII.

The same.

Avez-vous déjà fait le choix d'une carrière?
Je ne puis dire que j'aie déjà une vocation bien décidée. J'aurais eu assez de goût pour la marine; mais j'y ai songé trop tard pour pouvoir entrer à l'école navale. Ce qui est certain pour le mo

Have you already made choice of a career?
I can't say I have already a well settled vocation. I should have liked enough the navy; but too late I thought of it to be able to enter the naval school. What is certain now, is that I

ment, c'est que je terminerai mes études au lycée, et quand j'aurai le diplôme de bachelier ès lettres et de bachelier ès sciences, je verrai à me décider.

En effet ce sont deux titres qui vous ouvriront toutes les principales carrières.

Je pourrais me contenter du baccalauréat ès lettres pour certaines carrières, par exemple si je voulais faire mon droit ou m'occuper d'études exclusivement littéraires. Mais j'aime beaucoup l'étude des sciences, surtout celle des sciences physiques et naturelles, et je me sentirais, je crois, quelques dispositions pour l'étude de la médecine.

C'est une science bien vaste et pour laquelle la connaissance de beaucoup d'autres sciences auxiliaires est utile et même nécessaire. Et votre frère,

shall complete my studies in the grammar-school, and when I have taken the degree of a bachelor of letters and bachelor of sciences, I shall think of making up my mind.

Indeed these are two titles which will open to you all the chief pursuits.

I could content myself with a bachelor of letters' degree for some pursuits, for instance if I would study law or apply myself to pursuits altogether literary. But I am fond of the study of sciences, chiefly that of physical and natural sciences, and I should feel, I believe, some taste for the study of medicine.

It's a very vast science and to which the knowledge of many other auxiliary sciences is useful and even necessary. And your brother, what career is

à quelle carrière se destine-t-il?

Il vient d'entrer dans la classe de mathématiques spéciales, pour se préparer à l'École polytechnique. Il travaille beaucoup, et il faut dire aussi que c'est avec plaisir qu'on travaille, quand on a, comme dans notre lycée, toutes les ressources que l'on peut désirer.

Quand le jour de l'examen arrive, il faut avoir été bien paresseux pour ne pas être en état de répondre aux questions de l'examinateur.

Allons, mon cher enfant, je vois que vous n'êtes pas à plaindre ici. De notre temps c'était plus dur. On n'avait pas le gaz et les calorifères, on n'avait pas ces belles cours et ces vastes classes; et les maîtres étaient moins doux qu'aujourd'hui. Allez, allez, vous n'êtes pas malheureux.

Je ne me plains pas non

---

he intended for?

He has just gone into the class of special mathematics, to be grounded for the polytechnic school. He works hard, and we must also say that it is a pleasure for one to work, when one gets, as in our school, all the resources which one can wish for.

When the day for examination comes, we must have been very idle for us not to be able to answer the examiner's questions.

Well, my dear boy, I see you are not to be pitied here. In our time it was harder. We had no gas and hot air-stoves, we had not these beautiful play-grounds and spacious class-rooms; and the masters were less kind than now. Well, well, you are not unhappy.

Nor do I complain, far

plus, bien loin de là, surtout quand j'ai de temps en temps d'aussi agréables visites.

Au revoir, mon enfant, je reviendrai le mois prochain prendre de vos nouvelles. Tâchez qu'elles soient bonnes.

Je ferai mon possible pour cela. Au revoir, monsieur, et mille remercîments pour votre bienveillance.

from it, chiefly when I receive from time to time so welcome visits.

Good bye, my boy, I shall come again nex month to hear from you. Contrive to make news good.

I will do all I can. Good bye, sir, and a thousand thanks for your kindness.

DIALOGUE XVIII.

LES ARTS D'AGRÉMENT.

La musique.

Messieurs, quels sont ceux d'entre vous qui se sont fait inscrire pour les arts d'agrément? Les leçons particulières vont commencer dès aujourd'hui, mais il faut en régler les heures, de manière à ne pas toucher au temps consacré au travail classique.

DIALOGUE XVIII.

ACCOMPLISHMENTS.

Music.

Boys, who are those among you who have had their names put down for accomplishments? The private lessons will begin to-day, but you must appoint the hours for them, so as not to curtail time bestowed upon classical reading.

Voyons, commençons par la musique. Sont inscrits pour prendre des leçons de piano, N., M...

Come, let us begin with music. Have been inscribed to take lessons on the piano, N., M...

Y a-t-il d'autres amateurs?

Are there any other wishing to learn it?

Moi, monsieur, j'ai demandé à prendre des leçons de violon.

I, sir, have asked to be taught to play on the violin.

Y êtes-vous déjà exercé?

Have you already practised it?

Passablement. Mais il faut que je continue. Mes parents y tiennent beaucoup.

So so. But I must continue. My parents greatly wish it.

Eh bien, voici précisément le professeur.

Well, here's just the master.

Prenez jour et heure avec lui.

Appoint the day and hour together with him.

Quel est son nom?

What is his name?

M. Z...; c'est un maître de chapelle très-distingué, excellent virtuose et non moins excellent professeur. Tâchez de le satisfaire. — Je vais passer dans la salle de dessin. Par ici, les élèves pour le dessin.

Mr. Z...; he is a very eminent precentor, excellent both as a virtuoso and as a master. Strive to gratify him. — I shall go into the drawing-hall. This way pupils who attend the drawing-class.

Monsieur, M. le censeur nous envoie auprès de vous pour fixer les

Sir, the censor sends us to you in order to appoint the hours for heures de nos leçons de musique.

our music-lessons.

Voyons, d'abord, messieurs, ce que vous savez. Je m'entendrai pour les heures avec M. le censeur.

Let us first see, boys, what you know. I shall set the hours together with the censor.

Vous, monsieur, savez-vous déchiffrer?

You, sir, can you read?

Oui, monsieur, si le morceau n'est pas trop difficile.

Yes, sir, if the piece is not too difficult.

Tenez, prenez cette ariette, copiez-la, nous allons la jouer.

Here, take this arietta, copy it out, we are going to play it.

Et vous, monsieur, savez-vous bien toutes vos gammes?

And you, sir, do you well know all your scales?

Toutes, ce serait trop dire. Je sais les premières.

To say that I know them all would be too much. I know the first ones.

Allons, je vois que vous ne savez pas même vos notes.

Well, I see you don't even know your notes.

Pardon, monsieur : do, ré, mi, fa, sol, la, si, do.

Excuse me, sir : c, d, e, f, g, a, b, c.

En quel ton est ce morceau?

In what key is this piece?

Il est en mi mineur.

It is in *e* minor.

Récitez-moi les demitons :

Repeat the half-tones :

Do dièse, ré dièse, fa dièse, sol dièse, la dièse ; si bémol, la bémol, sol bémol, mi bémol, ré bémol.

C sharp, *d* sharp, *f* sharp, *g* sharp, *a* sharp; *b* flat, *a* flat, *g* flat, *e* flat, *d* flat.

DIALOGUE XIX.

Même sujet.

Où donc est l'élève qui étudiait la flûte l'année dernière?

Il y a renoncé.

Il a bien fait, il n'a jamais pu vaincre les premières dificultés de cet instrument qui demandait plus de délicatesse et d'attention qu'il ne pouvait en mettre, malgré tous ses efforts.

Il donnait dans la flûte comme si c'eût été une trompette; il n'a de goût que pour les gros instruments en cuivre et à vent, pour la musique militaire. Le trombone et la grosse caisse feront ses délices.

N'oublie pas le cor de chasse, le cornet à piston et l'ophicléide.

Allons, ne vous moquez pas de votre camarade. Voyons si vous faites mieux que lui vous-même. Voyons

DIALOGUE XIX.

The same.

But where is the pupil who practised the flute last year?

He has given it up.

He has acted rightly, he never could get over the first difficulties of this instrument which claimed more delicacy and attention than he was able to show, in spite of all his exertions.

He blew the flute as if it were a trumpet; he has taste only for large brass and wind-instruments, for the military music. Trombone and big drum will be his delight.

Don't forget the hunting-horn, key-bugle and ophicleide.

Come, don't make fun of your fellow. Let me see whether you yourself do better than he. Let us look over this

cette ariette. C'est comme cela que vous copiez! Une blanche pour une noire, une double croche à la place d'une simple, une ronde oubliée, la clef et le mouvement oubliés, un bémol pour un dièse, la pause supprimée.

arietta. Is that the way you copy! A minim for a crotchet, a semi-quaver instead of a single one, a semibreve forgotten, the key and movement forgotten, a flat for a sharp, the rest left out.

Et cette portée, comment est-ce fait?

And this stave, how is it done?

Vous ne risquez rien de recommencer.

You had better begin again.

Voyons, en attendant, jouez-moi ce morceau. Faites attention à la mesure. Savez-vous la battre?

Well, in the mean time, play this piece. Pay attention to the time. Can you beat it?

Oui, monsieur. Dans ce morceau, la mesure est à quatre temps. Elle se bat en frappant le premier temps, en portant la main à gauche pour le deuxième, à droite pour le troisième et en levant pour le quatrième.

Yes, sir. In this piece, it is common time. We beat it by striking the hand for the first time, by pointing to the left for the second, to the right for the third and by raising the hand for the fourth.

Comment se marque-t-elle?

How is it figured?

Par un 4 ou par un C.

By a 4 or by a C.

Quelle est l'unité de valeur pour la mesure à quatre temps?

What is the unit for common time?

Une ronde ou quatre noires.

A semi-breve or four crotchets.

Allons, ce n'est pas mal.

Well, it isn't amiss.

Préparez-vous à jouer.

Get ready to play.

Commençons. Remarquez que nous avons ici une gamme mineure. Jouez.

Let us begin. Mind we have here a minor scale. Play.

Halte-là ! Vous n'avez donc pas d'oreille ? Vous ne savez pas distinguer les tons des demi-tons ? Vous ne voyez pas que cette note est précédée d'un bécarre ? Revenez donc au ton naturel.

Hold ! You haven't then a correct ear ? You can't know the tones from the half-tones ? You don't see this note is preceded by a natural ? But return to the natural tone.

Continuez. Reprenez plus haut, et ne manquez pas la liaison cette fois.

Go on. Take again higher up, and don't miss the slur this time.

Allons, ce n'est pas trop mal. Tenez, pour votre récompense, je vais vous jouer un fragment de sonate qui vous plaira, j'en suis sûr. Suivez bien.

Well, that's not so bad. Here, as a reward, I shall perform a fragment of a sonata which will please you, I am sure of it. Be very attentive.

En effet, monsieur, c'est de toute beauté. Nous vous remercions bien.

Indeed, sir, it is grand. We thank you very much.

La prochaine fois n'oubliez pas d'apporter votre carton de musique et vos livres.

Next time don't forget to bring your music-folio and books.

Monsieur, mon archet est en mauvais état.	Sir, my fiddle-stick is bad-conditioned.
Apportez de la colophane et je vous le réparerai, s'il n'y a rien de trop important à y faire.	Bring some resin and I shall mend it, if there's nothing too important to be done.

DIALOGUE XX.

Le dessin.

DIALOGUE XX.

Drawing.

Que savez-vous en dessin ?	What do you know about drawing ?
Moi, monsieur, je suis vos leçons depuis deux ans.	I, sir, attend your lessons for the last two years.
Et moi aussi. — Moi depuis un an seulement.	And I too. — I for a year only.
Alors vous savez déjà les éléments?	You then already know the elements?
Qu'avez-vous déjà dessiné ?	What have you already drawn?
Des yeux, des nez, des bouches, des oreilles.	Eyes, noses, mouths, ears.
Moi, j'ai fait une tête de Spartacus d'après la bosse.	For my part, I have drawn the head of Spartacus after the mould.
Moi, monsieur, je ne sais que le dessin linéaire.	I, sir, know only linear drawing.
Et vous voulez apprendre le dessin artistique ?	And you want to learn artistical drawing?

Surtout le paysage.

Chiefly landscape.

Bien, mais il faut commencer par la tête. Quand vous aurez fait quelques académies, vous pourrez suivre votre goût pour la nature.

Well, but you must begin with the head. When you have drawn some casts, you will be able to indulge your taste for nature.

A vos places, messieurs. Où sont vos portefeuilles?

Take your seats, boys. Where are your portfolios?

Dans l'armoire à dessin.

In the drawing-press.

Tenez, voici un modèle pour chacun de vous.

See, there's a model for every one of you.

Le mien est trop difficile, monsieur, je n'en viendrai jamais à bout.

Mine is too difficult, sir, I shall never succeed in it.

Mais je croyais que vous aviez déjà fait de la ronde bosse.

But I thought you had already drawn after a mould.

Non, ce n'est pas moi.

No, it isn't I.

Tenez, voici un dessin au trait qui sera plus facile à reproduire.

See, here's a pencil-drawing which will be more easily reproduced.

Tenez donc mieux votre crayon. Ne voyez-vous pas que votre porte-crayon n'est pas assez serré? Faites descendre l'anneau plus bas. Il ne faut pas que le crayon tremble dans la main.

But hold your pencil better. Don't you see your pencil-case is not tight enough? Let the ring further down. The pencil must not shake in your hand.

Qu'est-ce que c'est que ce crayon-ci? Vous

What's this pencil? You have been mistaken,

vous êtes trompé, vous avez apporté un crayon pour le pastel. Allez vite chercher des crayons Conté, et un peu de fusain pour vos camarades qui vont en manquer tout à l'heure.

you have brought a crayon. Hasten to go and fetch some Conté pencils, and a bit of charcoal - pencil for your fellows who will presently want some.

Voici mon esquisse.

Here 's my sketch.

Elle n'est pas trop mal, mais vous allez trop vite; voyez comme ces traits sont grossièrement marqués. Retouchez donc cette bouche qui grimace. Et ici vous n'avez assurément pas pris vos distances comme je vous ai montré à le faire.

It isn't so very bad, but you go too fast; see how these lines are clumsily touched. But improve this mouth which grimaces. And here you haven't to be sure measured your distances as I taught you to do it.

Ne savez-vous pas comment on mesure pour observer les proportions, soit avec son crayon, soit avec une petite bande de papier? Ne savez - vous pas qu'un sujet doit avoir dix longueurs de face? Voyez si vous avez donné à ce corps les dimensions voulues. Les proportions sont la base du dessin.

Don't you know in what way to measure in order to observe the proportions, either with your pencil, or with a little strip of paper? Don't you know a subject must be ten lengths in front? See if you have given this trunk the requisite dimensions. Proportions are the basis of drawing. Take good

Prenez-y bien garde. Voyez comme ce raccourci est manqué. Je ne vous demande pas de vous y entendre comme le Corrége, mais au moins copiez à peu près exactement.

notice of it. Look how this foreshortening is badly done. I don't call upon you to be as clever as Correggio, but at least copy nearly with accuracy.

DIALOGUE XXI.

Même sujet.

Ce torse d'Hercule n'est pas mal copié. Mais voilà des muscles bien roides, c'est trop tendu ; adoucissez ces lignes, faites quelque chose de plus flexible et qui rappelle un peu la vie.

Qui vous a dit d'ombrer? Apprenez d'abord à bien esquisser. Vous ferez du dessin à l'estompe quand vous saurez un peu mieux le dessin au trait. Je ne veux pas de ces hachures, de ces ornementations malencontreuses. Tout cela viendra en son temps.

DIALOGUE XXI.

The same.

This torso of Hercules is not badly drawn. But there are very stiff muscles, it's too much strained ; soften these lines, make something more flexible and which enlivens a little.

Who told you to shade? First learn to sketch well. You will practise stump-drawing when you know a little better pencil-drawing. I will not have these hatchings, these ornamentations out of place. All that will come in the proper time. Do the needful,

Faites le nécessaire, vous vous occuperez plus tard du superflu.	you will indulge in superfluity by and by.
Ne courbez pas votre tête sur votre modèle. Cela ne vous fera pas mieux voir.	Don't lean your head on your model. That will not make you see better.
Je suis myope. Ce n'est pas ma faute.	I am short-sighted. It isn't my fault.
Mettez-vous plus près de la fenêtre, de manière que votre bras ne vous masque pas le jour, vous y verrez assurément beaucoup plus clair, malgré votre myopie.	Go and sit nearer to the window, so that your arm does not check the light, there you will surely see much better, notwithstanding your short-sightedness.
Connaissez - vous cette statue?	Do you know that statue?
Non, monsieur, ce doit être une antique.	No, sir, it must be an antique.
Une copie de l'antique en effet et d'un marbre bien célèbre. Qui de vous en sait le nom? Comment! Vous n'avez jamais été au Louvre? Vous ne reconnaissez pas la Vénus de Milo?	It is indeed a copy from antique and from a very famous marble-statue. Which of you knows the name of it? Well! You have never been to the Louvre? You don't recognize the Venus of Milo?
En effet, je la reconnais à ses deux bras coupés.	Indeed, I recognize her by her two arms cut off.
Plaisante naïveté! C'est le seul signe caracté-	What a pretty silliness! It's the only peculiar

ristique de ce chef-
d'œuvre pour vous? ·

Enfin plus tard vous en
jugerez mieux.

Tenez, voici un plâtre
qui représente l'Apol-
lon du Belvédère. Vous
en connaissez au moins
le nom?

Assurément. Il en était
question dans un mor-
ceau de Voltaire sur
la beauté et la grâce
que nous avons appris
la semaine dernière.

Remarquez la beauté de
ces lignes, l'harmonie
merveilleuse de ces
proportions. Voilà
bien l'idéal de la
beauté que les anciens
appelaient *forma*.
C'est en effet la beau-
té des formes plutôt
que celle que nous
goûtons davantage au-
jourd'hui, la beauté
d'expression.

Monsieur, je ne com-
prends pas bien la
différence.

Je vous l'expliquerai dans
notre prochaine leçon.
Pour aujourd'hui, il
est l'heure de serrer

character of that mas-
ter-piece for you?

After all you will by and
by entertain a better
idea of it.

See, here's a plaster-fi-
gure which represents
Apollo Belvidere. You
at least know its na-
me?

Of course. It was talked
of in a piece of Vol-
taire on beauty and
grace which we have
learned last week.

Observe the beauty of
these lines, the won-
derful harmony of
these proportions.
There's indeed the
ideal of beauty which
the ancients called
forma. It's in fact the
beauty of forms rather
than that we now re-
lish still more, the
beauty of expression.

Sir, I don't understand
the difference well.

I shall explain it to you
in our next lesson.
For to-day, it is time
to put away your car-

vos cartons. Mettez bien vos boîtes de crayons à leur place ; rendez-moi les modèles et ne les froissez pas. — Au revoir, à lundi prochain à la même heure !

toons. Put your pencil-boxes in their right place ; give me back the models and don't rumple them. Good bye, I shall see you again next Monday at the same hour !

———

DIALOGUE XXII.

La gymnastique.

DIALOGUE XXII.

Gymnastics.

En rang, messieurs ! Nous commençons par les mouvements des bras.

Draw up, boys ! We begin by the movements of the arms.

Où sont les haltères ?

Where are the dumb-bells ?

Les voici, mais les miens sont trop lourds. A peine si je puis en soulever un à deux mains.

Here they are, but mine are too heavy. I can hardly raise one of them with both hands.

Prenez deux numéros au-dessous.

Take two lower numbers.

Attention ! Une, deux. Une, deux. Plus vite. Une, deux, trois, quatre ! Allons, en mesure, suivez donc les autres, Henri ! Baissez les bras au lieu de les lever ; vous n'allez pas en cadence.

Attention ! One, two. One, two. Quicker. One, two, three, four ! Well, mark the time, but keep up with the others, Henry ! Drop your arms instead of raising them, you don't keep time.

Écartez-vous davantage l'un de l'autre, vous vous cognerez. Prenez garde de heurter votre voisin ou de vous pincer les mains entre vos haltères.

Keep more apart from one another, you'll knock. Beware of knocking against your neighbour or pinching your hands between your dumb-bells.

Prenez les barres, deux par deux; vous allez faire les mouvements d'avant et d'arrière. En mesure. Pas si vite. Halte! Faites passer la barre derrière votre dos et ramenez les mains par-dessus la tête sans lâcher la barre. Il faut décrire un arc de cercle.

Take the bars, two by two; you'll make the movements from forwards to backwards. Keep time. Not so quick. Halt! Make the bar pass behind your back and bring your hands again above your head without dropping the bar. You must describe the arc of a circle.

Cela me fatigue trop. J'ai les bras cassés.

It tires me too much. My arms are broken down.

Courage, courage! Cela ne vous fera que du bien. Cela vous fortifiera les muscles. Cela vous donnera du biceps. Regardez donc les boulangers. Ils en font bien d'autres. Aussi voyez quels bras robustes! C'est en les exerçant qu'on les fortifie.

Be of good cheer! That will do but good to you. That will strengthen your muscles. That will make your biceps increase. But look at the bakers. They do much more. So see what strong arms they have. They are strengthened by exercise.

Maintenant passons aux

Now let us pass on to

exercices des jambes. D'abord, ployons le jarret. Attention aux mouvements. Imitez-moi. N'allez pas trop vite, vous irez plus longtemps.

Allons, cela vous dégourdira.

Demi-tour à droite. Sautez sur le pied gauche. Changez de jambe. Ne perdez pas l'équilibre.

Baissez-vous maintenant sur le talon gauche en tenant la jambe droite étendue, et relevez-vous de même.

O le maladroit qui se laisse tomber! Allons, debout, et recommencez-moi l'exercice.

Voyons maintenant le trapèze. Empoignez-le fermement. Soulevez-vous par la force des poignets. C'est cela. Sans élan, à bras tendus, redescendez de même.

the exercises of the legs. First let us bend the leg. Attention to the movements. Do as I do. Don't go too fast, you 'll go longer.

Come, it will wake you.

Right about. Hop on the left foot. Hop on the other leg. Don't lose your equilibrium.

Now stoop on the left heel by keeping the right leg stretched out, and stand up in the same way.

Oh! how awkward he who falls! Up! up! And begin again the exercise.

Come now to the trapezium. Clutch it strongly. Raise yourself on your wrists. That 's right. Without any spring , with arms stretched out, come down again in the same way.

DIALOGUE XXIII.

Même sujet.

Une dislocation maintenant. Saisissez les anneaux. Y êtes-vous? Une, deux, trois.

Aïe! que cela fait mal!

Ne vous plaignez pas pour si peu.

Faites le moulinet. Raidissez-vous mieux que cela.

Attachez mieux votre ceinture de gymnastique, qui ne vous serre pas assez. Il faut qu'elle soutienne les reins et le ventre. Otez donc votre gilet, qui vous gêne aux épaules. Il faut avoir les membres dégagés pour bien faire.

Laissez donc les cordes du pas de Géant.

C'est un amusement de gamins. Vous feriez mieux de vous exercer à marcher sur la poutre.

Regardez votre camarade qui grimpe tout seul à la corde. Voilà qui est bien. Il va redes-

DIALOGUE XXIII.

The same.

A dislocation now. Clutch the rings. Are you ready? One, two, three.

Oh! How much it hurts!

Don't complain for nothing.

Flourish. Stretch better than that.

Fasten better your gymnastic girdle, which is not tight enough. It must bear up the loins and belly. But take off your waistcoat which impedes your shoulders. You must have your limbs free to work well.

But leave the ropes of the Giant's stride.

It's an amusement for boys. You had better practise walking on the beam.

Look at your fellow who is climbing up the rope by himself. That's right. He is going to

cendre par l'échelle de corde.

Tenez-lui l'échelle. Non, il préfère la corde à nœuds. Il manœuvre bien. Il sait à point lâcher les mains et croiser les pieds.

Essayez donc de vous hisser jusqu'à la traverse par la corde lisse.

Monsieur, nous voudrions sauter.

Rien de plus facile.

Allez au tremplin. Passez l'un après l'autre sans désordre. Sautons en hauteur maintenant. Charles, voulez-vous tenir l'autre bout de la corde? Plus haut. C'est bien. Encore plus haut.

Pourquoi vous laissez-vous tomber comme une masse?

C'est comme au manége, où il est tombé de cheval ce matin. Maladroit, va!

Je me suis accroché à la corde. Je n'ai pas pu

---

come down again by means of the rope-ladder.

Hold the ladder for him. No, he prefers the knotty-rope. He works well. He knows how to withdraw in the right time his hands and cross his feet.

But try to hoist yourself to the cross-bar by means of the smooth rope.

Sir, we should like to spring.

Nothing easier.

Go to the spring-board. Pass one after the other in regular order. Let us now spring in height. Charles, will you hold the other end of the rope? Higher. That's right. Higher still.

Why do you let yourself fall like a mass?

Just like what he did in the riding - school, where he fell from his horse this morning. O you awkward fellow!

I have been caught by the rope. I could not

lever le pied à temps assez haut.

raise my foot high enough in time.

Heureusement qu'il y a une épaisse couche de sable qui amortit les coups.

There luckily is a thick crust of sand which breaks the blows.

Ayez soin de réunir les talons et de fléchir les jambes au moment où vous touchez à terre.

Mind you bring together your heels and bend your legs just as you touch the ground.

Que je suis donc fatigué! Je suis sûr que je vais avoir une fameuse courbature demain.

How tired I am! I am sure to get a dreadful lumbago to-morrow.

Non, si vous recommencez le même exercice demain. Il n'y a qu'à s'assouplir les membres.

No, if you begin again the same exercise to-morrow. You have but to make your limbs supple.

En faisant tous les jours de la gymnastique pendant une heure, régulièrement, vous ne ressentirez aucune fatigue.

By practising gymnastics one hour every day regularly, you 'll feel no fatigue.

DIALOGUE XXIV.

L'escrime.

DIALOGUE XXIV.

Fencing.

Voici le maître d'armes. Allez vite chercher vos fleurets, votre plastron, votre masque

Here 's the fencing-master. Hasten to fetch your foils, plastroon, mask and don't forget

et n'oubliez pas les gants et les sandales.

Allons, en garde ! .

On fait le salut avant de commencer. C'est bien. Tenez mieux votre fleuret ; ne laissez pas la garde vaciller dans votre main. Assurez-vous si ce fleuret n'est pas démoucheté.

Non, fort heureusement.

Mettez-vous en prime.

Monsieur, j'ai presque oublié les premiers mouvements que vous m'avez montrés.

Je vais vous les rapprendre. Mais posez-vous mieux. Vous n'êtes pas couvert, il faut s'effacer. Allons, êtes-vous solide sur votre base?

Combien y a-t-il de coups réguliers , vous en souvenez-vous?

Huit en théorie, je crois.

Oui, mais dans la pratique il n'y a que quatre bottes dont on se serve. *Prime*, quand on frappe droit la poitrine de l'adversaire. Essayez ce coup d'a·

the gloves and sandals.

Come, parry!

You must salute before beginning. That's right. Hold better your foil; don't let the hilt be unsteady in your hand. Ascertain that this foil is not sharp.

No, very luckily.

Stand in prime.

Sir, I have nearly forgotten the first movements you have taught me.

I shall make you learn them over again. But stand better. You are not covered, you must stand sideways. Come, are you well grounded?

How many regular thrusts are there, do you remember them?

Eight as a theory, I believe.

Yes, but in practise we only make use of four thrusts. *Prime*, when you strike straight into your adversary's breast. Try this thrust first, with hand up

bord, la main haute et renversée.

Ce n'est pas cela, voyez comme il m'était facile de parer. Le coup était trop mou. Je ne vous quitterai pas que vous ne sachiez tirer passablement quelques bottes. Nous apprendrons plus tard la seconde, la tierce et la quarte.

Allons ferme! Un dégagement. Cela ne vaut rien. A quoi bon ferrailler?

J'ai manqué de m'enfiler.

Je le crois bien, vous penchez le corps en avant, vous n'êtes pas ferme sur la hanche et le plus petit coup sec vous désarmerait.

Apprenez donc à rompre, ou vous ne ferez jamais rien de bon.

Tenez, je vous porte une botte. Attention à la parade! Je vous préviens que je ferai une feinte. Ouvrez l'œil. Ripostez vivement.

Allons, pour un premier

lifted and inverted.

It isn't that, see how easy it was for me to parry. The thrust was too gentle. I will not leave you until you know tolerably how to give some thrusts. We shall later learn the segoon, tierce and quarte.

Steady! steady! A disengagement. That's worth nothing at all. What is the use of stilting?

I have been near falling upon your foil.

I believe so, you bend forward, you don't stand firm on your haunch ant the slightest sharp thrust would disarm you.

But learn to draw back, or else you will never do anything good.

Look, I give you a thrust. Mind you parry! I apprise you that I shall make a feint. Keep your eyes open. Parry and thrust quickly.

Well, for a first fencing-

assaut, ce n'est pas trop mal.	match, it isn't so very bad.
Nous ferons mieux jeudi prochain, j'espère.	We shall do better next Thursday, I hope.

DIALOGUE XXV.

L'exercice militaire.

DIALOGUE XXV.

Drilling.

Nous allons donc faire l'exercice maintenant. Cela se fera désormais dans tous les lycées comme en Allemagne, comme en Suisse. N'as-tu pas vu à Genève et à Lausanne les cadets faisant l'exercice le dimanche et le jeudi, et montant la garde, les jours de fête, dans la ville, à la gare, au Palais?	We are then going to drill now. That will henceforth take place in all the grammar-schools as in Germany. as in Switzerland. Have you not seen in Geneva and Lausanne the cadets drill every Sunday and Thursday, and mount guard, on holidays, in the town, at the terminus, at the Palace?
Oui, j'ai même vu plusieurs régiments de cadets venus de toute la Suisse, campant près du lac et faisant la petite guerre. Ils étaient censés faire le siége du château de Chillon, ou plutôt le prendre d'assaut. On a brûlé bien de la poudre ce jour-là, sans	Yes, I've even seen several regiments of cadets come from all, parts of Switzerland, encamp by the lake and carry on a sham-battle. They appeared to carry on the siege of the castle of Chillon, or rather to take it by storm. Much powder was burnt that day,

faire de mal à person- | without doing any harm to anybody.
ne.

Peut-être nous fera-t-on faire de semblables exercices. | Perhaps will they make us drill in that way.

Je ne sais, mais nous n'en sommes pas encore à l'exercice à feu. Nous n'en sommes qu'à l'école du soldat, et nous en aurons pour longtemps. | I don't know, but we haven't got so far as to the firing-practice. We have got no farther than to the soldier's drilling, and we shall be long about it.

Ah! voici le sergent instructeur. Ecoute quelle voix majestueuse et quel ton de commandement! | Ah! Here's the drill-serjeant. Hear what a majestic voice and a tone of command!

Garde à vous! | Attention!

Au commandement de « Garde à vous! » vous portez vivement la main droite à la bretelle du fusil et la gauche sur la couture du pantalon. | At the command of « Attention! » you clap your right hand to the strap of the gun and your left on the seam of your breeches.

A droite, alignement! | Eyes right, dress!

Nᵒˢ 2, 5, 7 et 9, en arrière, rentrez dans le rang. | Numbers 2, 5, 7 and 9, fall back, rank.

Attention au commandement! | Mind the command!

Fixe! | Eyes front!

Portez armes! | Carry arms!

Ce commandement s'exécute en un temps et deux mouvements. | This command is executed in one time and two movements.

Premier mouvement : Elevez l'arme verticalement avec la main droite, saisissez l'arme de la main gauche au-dessous de la main droite et descendez aussitôt la main droite pour saisir le chien, en appuyant l'arme à l'épaule, le bras droit presque allongé.

Second mouvement: Laissez tomber vivement la main dans le rang.

Je ne pourrais jamais répéter cela aussi vite que lui.

Peu importe. Si l'on pouvait seulement faire ce qu'il commande. Essayons.

Attention là-bas! Qui est-ce qui se permet de parler sous les armes? Vous direz après cela que vous n'entendez pas les commandements.

Armes au bras !

Reposez armes!

Croisez la baïonnette !

Remettez la baïonnette !

Baïonnette au canon !

First movement: Raise the arm vertically with the right hand, hold the arm with the left hand under the right one and take down immediately the right hand in order to hold the cock, by leaning the arm against the shoulder, the right arm being almost stretched out.

Second movement: Let the hand fall quickly into the rank.

I could never repeat that as fast as he.

It matters little. If we could only do what he commands. Let's try.

Attention yonder! Who takes the liberty to speak under arms? And then you'll say you don't hear the commands.

Support arms!

Ground arms!

Fix bayonets!

Put back bayonets!

Bayonets to the guns!

DIALOGUE XXVI.

Même sujet.

Allons, nous allons nous mettre en marche. Mais pour cela il faut se placer convenablement.

Voyons si vous saurez le faire sans nouvelles explications.

Peloton! demi-tour à droite!

A droite, vous ai-je dit. Ne vous trompez donc pas de la sorte. Vous voilà tout en désordre comme un troupeau de moutons, deci, delà. Attention!

Chef de peloton, rectifiez l'alignement.

Guide à gauche!

Peloton, par le flanc droit. A droite! Peloton, en avant!... Marche!

Partons du pied gauche!

Pas de route. Pas ordinaire. Pas accéléré. Pas redoublé. Pas de charge.

Peloton, par file à gauche..., marche!

DIALOGUE XXVI.

The same.

Come, we are going to make a march. But for that you must draw up properly.

Let's see whether you'll know how to do it without further explanations.

Platoon! right about, face!

Right, I told you. But don't mistake thus. There you are all thrown into disorder like a flock of sheep, here and there. Attention!

Leader, rectify the line.

Eyes left, dress!

Platoon, to the right about. Right! Platoon, forward!... March!

Left foot first!

Slow pace. Usual pace. Quick pace. Double quick pace. Double quick time.

Platoon , left file...; march!

Allons, je ne suis pas trop mécontent. Je ne mettrai personne à la salle de police aujourd'hui.

Well, I am not so very displeased. I shall put nobody in the guard-house to-day.

Il compte bien se rattraper la prochaine fois.

He intends to make up for that next time.

Savez-vous encore vous former en sections, rompre en colonne, par section ou par peloton?

Do you still know how to form in sections, to break off by column, section or platoons?

Par section à gauche, marche !

- By section left, march !

Au pas! au pas! Une, deux! une, deux, trois, quatre! Comptez en marchant pour ne pas perdre la mesure. Suivez donc le tambour.

Keep time ! keep time ! One, two ! One, two, three, four ! Count when you march that you should not lose the measure. But keep up with the drummer.

Arme sur l'épaule droite!

Right shoulder arms !

Marquez le pas ! Oblique à droite !

Mark time! Right, oblique!

A droite conversion !

Right, wheel !

Arme à volonté.

Slope arms !

Allons, voilà qui va bien. — Halte ! — Front ! — Repos ! — Formez les faisceaux ! — Rompez les faisceaux ! — Rompez les rangs !

Well, that 's right. — Halt ! — Front ! — Ground arms ! — Pile arms ! — Break arms ! — Break ranks !

La prochaine fois nous nous déploierons en tirailleurs.

Next time we shall spread about as skirmishers.

Mon sergent, quand nous apprendrez-vous la charge en douze temps?

La charge se fait en cinq temps aujourd'hui.

Chargez armes! — Armez! — Ouvrez le tonnerre! — Cartouche dans le canon! — Fermez le tonnerre!

Et après, qu'est-ce qu'on fait?

Après cela, l'ennemi n'a plus qu'à bien se tenir. Feu de peloton, à 400 mètres! — Joue! — Feu! — Chargez! — Charge à volonté.

Et aussitôt fini, on recommence. Cela va vite, allez, avec le chassepot. Ce n'est plus comme du temps des fusils à percussion, où il fallait verser la poudre, après avoir déchiré la cartouche, bourrer, retirer la baguette, placer la capsule et recommencer souvent, quand le coup ratait. Depuis l'invention du fusil à aiguille, les choses se

Serjeant, when will you teach us the twelve time charge?

Now we have the five time charge.

Load arms! — Cock arms! — Open chamber! — Cartridge in barrel! — Shut chamber!

And what then?

Afterwards, the enemy had better look to himself. By platoons fire, to four hundred yards! Present! — Fire! — Charge! — Charge at will.

As soon as you've done, you begin again. That goes on fast, believe me, with the chassepot. It's no more as in the time of percussion-guns, in which we were obliged to pour powder, after biting the cartridge, to ram, withdraw the ramrod, put the cap and begin again frequently when it flashed in the pan. Since the invention of the

passent autrement.

Présentez armes !
Portez armes !
Voyons, encore une fois le tour de la cour en peloton, au pas gymnastique cette fois.
Serrez les rangs ! — Ouvrez vos rangs ! — Doublez les files ! — Dédoublez les files !
Nous sommes bien fatigués, mon sergent.
Cela n'y fait rien. Je vous permettrai d'aller l'arme au bras pour vous reposer.
Peloton, en avant....., marche !

needle - gun , things happen otherwise.
Present arms !
Carry arms !
Come, once more round the yard by platoons, at gymnastic speed this time.
Close ranks ! — Open ranks ! — Double files ! Deploy files !

We are very tired, serjeant.
No matter. I shall allow you to go and support your arms in order to take rest.
Platoon , forward...., march !

DIALOGUE XXVII.

A la veille des vacances.

Quel bonheur ! la distribution des prix aura lieu ces jours-ci.

Tu veux dire : les vacances vont arriver.
L'un et l'autre.
As-tu été au grand concours ?

DIALOGUE XXVII.

On the eve of the holidays.

How lucky ! The distribution of prizes will take place in a few days.

You mean to say : the holidays will come on.
Both.
Have you been to the grand competition for prizes ?

Oui, mais je n'ai aucune chance.

C'est drôle, l'école devient un séjour charmant dans ces derniers jours. Les maîtres sont plus indulgents, on nous fait des lectures presque amusantes en étude et en classe.

Tout le monde est souriant ; enfin si l'école était comme cela toute l'année, on la regretterait presque aux vacances.

Oh que non ! J'aime bien mieux la maison. Et je trouve toujours les vacances trop courtes : promenades, parties de pêche, de chasse, courses à cheval, en voiture, en bateau ; on n'a que l'embarras du choix. Libre de soucis, pas de leçons, pas de classe, on s'amuse à sa guise. Voilà le vrai bon temps.

Le jour de la distribution est aussi un bien beau jour pour ceux qui ont des prix ; mais pour les autres !...

Yes, but I've no chance.

Queer enough that, the school becomes a delightful abode these last days. The masters are more indulgent, they read to us nearly entertaining stories in study and in class.

Every body is smiling; in short if the school was like that the whole year, we should almost regret it during the vacations.

Oh no! I like home a great deal better. And I always find the holidays too short : walking, fishing-party, hunting, riding, driving, boating; we have but the difficulty of choosing. Free from cares, no lessons, no class, we amuse ourselves as we please. That's the true merry time

The day of the distribution is also a very grand day for those who carry prizes ; but for the others !...

Bah! ne fais pas le modeste. Tu n'es pas de ceux qui s'en vont les mains vides. Tu nous en as donné assez de preuves.

Pshaw! Don't put on a modest look. You are not of those who leave empty-handed. You've given us proofs enough.

Regarde donc les préparatifs qui se font déjà. Voilà l'estrade montée, les charpentiers y ont travaillé hier toute la journée. On a raccommodé la toile qu'on tend sur la cour et qui avait reçu quelques accrocs l'an dernier. T'en souviens-tu?

But look at the preparations which are already being made. There's the dais raised, the carpenters have been yesterday for the whole day working at it. They have patched the sail-cloth which they pitch over the yard and which had been somewhat torn last year. Do you remember?

C'est vrai, je m'en souviens, c'est quand il y eut ce coup de vent et que l'orage commença. Comme chacun se dépêchait de chercher un refuge!

It's true, I remember, it's when that gale of wind blew over and the storm began. How hastily every body ran to seek a shelter!

J'espère que cette année nous aurons beau temps.

I hope we shall have fine weather this year.

Oui, mais il fera bien chaud.

Yes, but it will be very warm.

Cela n'y fait rien. Il y a tant d'éventails dans l'assemblée.

No matter. There are so many fans in the company.

Et puis tant de portes ouvertes.

And then so many doors open.

Mais on s'échauffe à frapper des mains. Te rappelles-tu comme nous avions applaudi Charles qui avait eu huit prix et trois accessits.

But we get warm by clapping. Do you remember how we had cheered Charles who had won eight prizes and three accessits?

Quelle musique avons-nous cette fois-ci?

What band have we this time?

Celle de l'orphéon, je pense.

The orpheon-band, I think.

N'est-ce pas, on joue toujours un morceau après chaque premier prix?

They always play a piece after every first prize, do they not?

Oui, mais vers la fin on se dépêche pour satisfaire à l'impatience générale.

Yes, but at the end they make haste in order to give satisfaction to general impatience.

C'est nous qui avons eu le prix d'honneur l'an dernier, n'est-ce pas?

We have carried the prize of honour last year, have we not?

Oui, et c'était le sujet de l'interminable discours qui nous a fait attendre si longtemps l'ouverture de la distribution.

Yes, and it was the subject of the interminable speech which kept us waiting so long for the opening of the distribution.

Oh! les discours, c'est le moins amusant de la fête.

Oh! speeches, they are the least entertaining part of the feast.

Heureusement qu'il n'y en aura pas en latin, cette fois.

There luckily will be no latin one this time.

En général on les fait aussi courts que pos-

They generally make them as short as possible et pleins d'amitié pour nous.

sible and full of friendly terms for us.

As-tu déjà dit adieu à ton professeur?

Have you already bidden farewell to your master?

Non, je pense le revoir le jour de la distribution des prix et j'irai le remercier avant de partir.

No, I think I shall see him again the day of the distribution of prizes and I shall go and thank him before leaving.

Au revoir, et bonne chance!

Good bye, and good luck to you!

[FIN.

TABLE DES MATIÈRES

PREMIÈRE PARTIE

PENDANT LA CLASSE.

DIALOGUES DE LA PREMIÈRE PARTIE.

DEUXIÈME PARTIE

APRÈS LA CLASSE.

VOCABULAIRE.

DIALOGUES DE LA DEUXIÈME PARTIE.

FIN DE LA TABLE.

PARIS. — IMP. SIMON RAÇON ET COMP., RUE D'ERFURTH, 1.

AUTEURS EXPLIQUÉS

D'APRÈS UNE MÉTHODE NOUVELLE

PAR DEUX TRADUCTIONS FRANÇAISES

l'une littérale et justalinéaire,

présentant

le texte dans un ordre analytique avec le mot à mot français en regard
l'autre correcte et précédée du texte;
avec des sommaires et des notes en français

PAR UNE SOCIÉTÉ DE PROFESSEURS ET D'HUMANISTES

AUTEURS LATINS

César. *Commentaires sur la guerre des Gaules,* par M. Sommer. 2 volumes... 9 »

   1er volume : Livres I, II, III, IV......................... 4 »

   IIe volume : Livres V, VI, VII......................... 5 »

— *Commentaires sur la guerre civile,* livre Ier, par M. Materne.. 2 25

Cicéron. *Brutus,* par M. Pessonneaux...................... 4 »

— *Catilinaires* (les), par M. J. Thibault................... 2 »

— *Des Devoirs,* par M. Sommer............................ 6 »

— *Dialogue sur l'Amitié,* par M. Legouëz................. 1 25

— *Dialogue sur la Vieillesse,* par MM. Paret et Legouëz...... 1 25

— *Discours contre Verrès sur les Statues,* par M. J. Thibault... 3 »

— *Discours contre Verrès sur les Supplices,* par M. O. Dupont.. 3 »

— *Discours pour la loi Manilia,* par M. Lesage........... 1 50

— *Discours pour Ligarius,* par M. Materne............... » 75

— *Discours pour Marcellus,* par le même................. » 75

— *Plaidoyer pour Archias,* par M. Chausselle........... » 80

— *Plaidoyer pour Milon,* par M. Sommer................. 1 50

— *Plaidoyer pour Muréna,* par M. J. Thibault............ 2 50

— *Songe de Scipion,* par M. Pottin...................... » 50

Cornelius Nepos. *Les Vies des grands capitaines,* par M. Sommer.. 5 »

Heuzet. *Histoires choisies des écrivains profanes,* par MM. Sommer et Guedet. 2 volumes..................... 12 »

   Chaque volume séparément............................. 6 »

AUTEURS GRECS

AUTEURS ANGLAIS

AUTEURS ALLEMANDS

AUTEURS ESPAGNOLS

AUTEURS ARABES

Imprimerie générale de Ch. Lahure, rue de Fleurus, 9, à Paris.

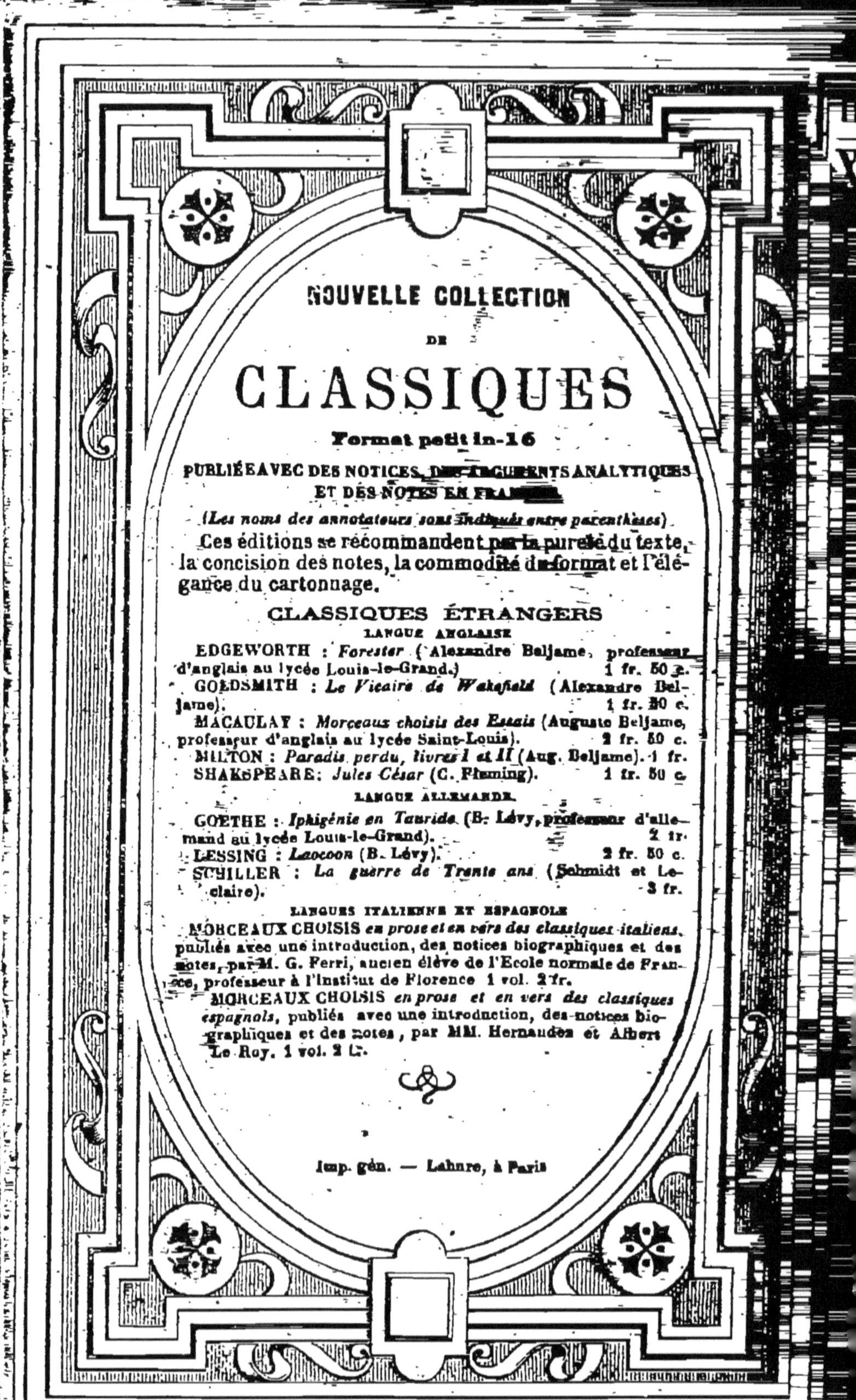